RAINER HAAK

Manchmal hat das Glück zwei Flügel

33 Engelgeschichten

1.
Der verschwundene Engel

Morgens gab es Frühstück, mittags einen knackigen Salat oder eine heiße Suppe, nachmittags wurde selbst gebackener Kuchen angeboten und abends sah es aus wie in einer gemütlichen Bar. Es war das Wohnzimmer für Menschen aus der Nachbarschaft und sogar aus anderen Vierteln der Stadt.

»Café Engel« hieß das Wohnzimmer von Caro und Linus schon immer – auch vor ihrer Zeit. Die Engel zogen jedoch erst vor zwei Jahren ein.

Das begann so: Eines Morgens schleppte Linus drei schlichte, alte Regalbretter herein. Sofort blickten die Gäste, die bereits ihren ersten Kaffee des Tages schlürften, in seine Richtung. Sie konnten miterleben, wie der Chef die Bretter geschickt an der Wand links neben dem Tresen befestigte.

»Was soll das werden?«, fragte jemand.

»Wirst du schon sehen!«, kam der kurze Kommentar des Handwerkers zurück.

Nach einiger Zeit legte Linus zufrieden die Bohrmaschine und das übrige Werkzeug zur Seite und betrachtete zufrieden sein Werk. Die Bretter waren genau in einer Reihe übereinander angebracht und warteten jetzt – ja, worauf eigentlich?

Da kam Caro aus der Vorratskammer und hielt einen wunderschönen, lächelnden Engel in der Hand. Zärtlich sah sie ihm in die Augen, streichelte ihn kurz und stellte ihn vorsichtig auf das obere Brett. Einen Augenblick blieb sie andächtig stehen, dann holte sie nach und nach weitere Engel und verteilte sie auf die Bretter. Schließlich war eine ganze Engelschar an der Wand versammelt – drei nebeneinander und drei übereinander. Einige hatten Flügel, andere nicht. Sie waren aus Holz oder Metall, einige bunt bemalt.

Der Engel in der Mitte lächelte besonders einladend und hielt die Arme weit auseinander, als hätte er auf jemanden gewartet und würde ihn gleich in seine Arme schließen. Neben den Engeln klebte ein weißer Zettel mit der Aufschrift: »Berührt uns gern mit dem Herzen, aber nicht mit den Händen.«

Lange standen Caro und Linus Arm in Arm nebeneinander und betrachteten die Engel. »Ich liebe sie alle«, flüsterte sie, »aber am meisten berührt mich der in der Mitte.«

Linus nickte. Dann fragte er: »Glaubst du eigentlich an Engel? Ich meine so richtig?«

Caro sah ihn mit großen Augen an. »Ich liebe Engel, das weißt du doch. Ich liebe Engel, weil sie …«, sie blickte noch einmal zur Engelversammlung, »weil sie da sind und mich begleiten.«

Linus nickte wieder. »Du wirst schon recht haben.« Er strahlte sie an. »Wie immer!«

Nicht nur Caro und Linus freuten sich über den himmlischen Zuwachs im Café Engel. Die meisten Gäste besuchten erst einmal die neun Engel, bevor sie anschließend lächelnd ihre Bestellung aufgaben.

Einige standen lange ehrfürchtig vor den Himmelsboten und konnten sich kaum von ihnen trennen. Sie gaben ihnen sogar Namen, dem Engel des Glücks, dem Engel des Neuanfangs und dem Engel der offenen Arme. Das war übrigens nicht nur der Lieblingsengel von Caro, sondern auch von Lucie.

Lucie war schon lange Stammkundin im Café. Sie sah älter aus, als sie war, und erzählte allen Gästen von ihren zerbrochenen Träumen – egal, ob die es hören wollten oder nicht. Und seit einiger Zeit erzählte sie allen von ihrem Lieblingsengel.

Bea stellte sich manchmal neben Lucie, blickte

still auf die Engel und bewegte den Mund, als würde sie mit ihnen sprechen.

Eines Tages, morgens um sieben, kam Caro wie meistens als Erste ins Café. Sie hob die Zeitung vom Boden auf, stellte einen Stuhl zur Seite und blickte zu den Engeln. Da durchzuckte es sie: Ein Platz war leer! Der Engel mit den offenen Armen fehlte.

Als Linus kurze Zeit später eintraf, fragte sie aufgeregt: »Weißt du, wo der Engel ist?«

Linus wurde bleich und schüttelte den Kopf. »Keine Ahnung! Wie ist das möglich?«

Der fehlende Engel wurde das Tagesgespräch bei den Gästen. »Ich vermisse die offenen Arme«, war mehrmals zu hören. »Wer tut so etwas?«, war die häufigste Frage. Und die Worte eines jungen Pärchens, »Es sind ja zum Glück noch acht andere Engel da«, konnten kaum jemanden trösten.

Besonders stark musste es Lucie getroffen haben. Sie kam seit diesem Ereignis nicht wieder ins Café, weder zum ersten Morgenkaffee noch zum letzten kalten Schluck am Abend. »Sie vermisst die offenen Arme!«, war Bea überzeugt.

Der leere Platz im Regal blieb. Er machte deutlich, dass niemand ersetzt werden kann, weder ein

Mensch noch ein Engel. Aber das Leben ging weiter, auch im Café Engel.

Wochen später, es war noch früh am Morgen, näherte sich Lucie mit unsicheren Schritten dem Café. Sie stand kurz vor der Eingangstür, drehte um und kam wieder zurück. Vorsichtig öffnete sie die Tür. Das Café war leer.

Lucie ging sofort zu den Engeln an der Wand und blickte wie aus weiter Ferne zu dem leeren Platz. In ihrer Hand hielt sie eine große Tasche, aus der sie mit zitternden Händen einen Gegenstand holte, eine Figur – es war der Engel mit den offenen Armen.

In dem Moment kam Caro aus der Küche. Sie stutzte kurz, dann verstand sie. »Ach, Lucie, wie schön, dass du den verlorenen Engel gefunden hast! Was für eine Freude für uns alle!«

Sie bemerkte ein seltsames Flackern in Lucies Augen. »Komm, setz dich erst einmal. Ich mach uns schnell einen Kaffee.«

Dann saßen die beiden Frauen zusammen und sprachen über offene Arme. Lucie wischte sich mit der Hand durchs Gesicht. »Es ging mir nicht gut. Ich habe ihn gebraucht.«

Caro sah ihr liebevoll in die Augen. »Und jetzt? Wie geht es dir?«

Lucie lächelte unsicher. »Jetzt ist er wieder da. Wenn ich ihn sehen will, muss ich nur die Augen schließen.«

Caro blickte zu den Engeln. »Oder die Augen öffnen.«

Lucie strahlte Caro dankbar an. Sie atmete tief ein und aus. Dann blickte sie zum verlorenen und wiedergefundenen Engel.

Caro stand auf. »Ich geh mal wieder in die Küche. Bald geht es hier rund.« Sie zeigte zur Wand: »Da hat jetzt einer viel zu erzählen.«

2.
Die Schöpfung geht weiter

Es herrschte große Aufregung bei den Engeln im Himmel. Die wunderbare Schöpfung, so wurde überall geflüstert, sei noch nicht beendet. Im Gegenteil, es sollte noch Großes geschehen! Vielleicht eine ganz neue Schöpfung?

»Was kann denn nach den Blumen und den Bäumen, den Adlern und den Delfinen noch geschaffen werden?«, fragten sie aufgeregt. »Die Größe des Universums und die Schönheit der Erde sind doch einzigartig – was soll da noch kommen?«

Als der große Schöpfer schließlich persönlich bei ihnen erschien, hörte das Flüstern der Engel sofort auf. Alle blickten gespannt zu ihm. Er war herrlich bunt gekleidet – und alle Farben leuchteten fast so hell wie seine Augen. Lächelnd schaute er sich um, grüßte liebevoll in die Runde und sagte: »Ich bin genauso aufgeregt wie ihr. Heute schöpfen wir noch einmal aus dem Vollen.«

Die Engel begannen wieder aufgeregt zu flüstern und zu raunen. Sie schienen zu spüren, dass sie bald etwas Außergewöhnliches miterleben sollten. Nach einiger Zeit kehrte wieder Ruhe ein und alle blickten zum Schöpfer. Der wischte sich die Augen, bevor er wieder zu reden begann: »Hoffentlich geht alles gut! Jetzt bitte ich, seht mich an und seht euch an. So ähnlich sollen sie werden, die neuen Geschöpfe. Sie sollen lieben können wie wir und sich über die Schönheit der Schöpfung freuen können, genauso wie wir. Ich will euch etwas verraten: Ohne sie wäre die Schöpfung nicht vollständig.«

Alle starrten wie gebannt auf den Schöpfer und warteten auf weitere Erläuterungen. »Ich werde sie Menschen nennen. Sie werden sein wie wir.« Er hüstelte kurz. »Also, so ähnlich wie wir. Sie werden in Körpern leben, die herrlich aufblühen und eines Tages wieder vergehen. Aber sie haben viel Zeit für ein aufregendes, buntes Erdenleben.«

Die Engel sahen sich gegenseitig in die Augen, als wollten sie sich vergewissern, wie die Menschen aussehen würden. Dann blickten sie wieder zum Schöpfer. Ein mutiger Engel fragte laut: »Was ist das Besondere an den Menschen? Vielleicht ihr Lachen? Vielleicht ihr buntes Leben? Oder ihre zerbrechlichen Körper?«

Der große Schöpfer sah die Engel an, jeden einzelnen – voller Zärtlichkeit und Abenteuerfreude. »Das Besondere ist, dass sie Geschöpfe sind, die selbst etwas Neues erschaffen können. Jeder Mensch trägt das besondere Schöpfer-Gen in sich.«

Den Engeln war deutlich anzusehen, wie sehr sie über diese Worte staunten. Einige hielten sich entsetzt die Hände vor das Gesicht. Jemand rief: »Aber die Schöpfungskraft gab es doch bisher nur in den himmlischen Sphären!«

Er nickte. »So ist es. Und jetzt wird es diese Kraft auch in irdischen Sphären geben.« Er grinste kurz und hielt sich die Hand vor den Mund. »So wird die Erde zu einem Ort unendlich vieler kreativer Schöpfungsmomente.«

Wieder wurde es laut unter den Engeln. »Was werden sie denn schöpfen?«, war die Frage, die mehrmals zu hören war.

Der Schöpfer lächelte, wie – wie eine stolze Mutter und ein Lausbub zugleich. »Der Mensch wird fantastische Melodien erschaffen und wunderschöne Lieder singen, leise und laute, fröhliche und traurige. Er wird sich Geschichten ausdenken und sie abends am Lagerfeuer erzählen, während die anderen andächtig oder aufgeregt lauschen. Er wird Bilder malen, die so schön sind wie die Wirklichkeit und doch ganz anders. Er wird Boote bauen, die schwimmen können, Gärten anlegen und Theater spielen. Er wird bunte Tische decken und sie werden sich daran satt essen und die Gaben genießen.«

Einer der Engel hatte am Anfang fasziniert zugehört, dann jedoch seine Stirn in Falten gelegt. Jetzt fragte er nach: »Und was ist, wenn es Menschen gibt, die sich nicht trauen, zu schöpfen und Neues zu erschaffen?«

Der Schöpfer schaute sich im großen Engelsrund um und sagte mit warmer, fester Stimme: »Dann, meine Lieben, dann seid zum Glück ihr Engel da, um sie zu begleiten und ihnen Mut zu machen.«

3.

Wenn Engel tanzen

Was wäre die Essensausgabe im Zentrum der kleinen Stadt ohne Vera? Sie ist immer dabei, immer hilfsbereit und schenkt immer ein Lächeln. Am Freitag packen ihre abgearbeiteten Hände zu und reichen die gespendeten Lebensmittel über den Tresen. »Lassen Sie es sich schmecken – und bis zur nächsten Woche!«

Auch Frau Roschinski gehört zu Veras »Kundinnen«. Dankbar nimmt sie entgegen, was Vera ihr herüberreicht. »Wunderbar! Das hilft mir für die nächsten Tage. Sie sind ein Engel!«

Frau Roschinski ist nicht die Einzige, die davon überzeugt ist. Viele, die auf Hilfe angewiesen sind, hoffen darauf, einem Engel zu begegnen. Und Vera mit ihrer zupackenden Art und ihrem gewinnenden Lächeln erinnert tatsächlich oft an die himmlischen Wesen.

Was tut Vera, wenn nicht gerade Freitag ist? Sie

sortiert Kohlrabi und Dosenmilch, die soeben frisch eingetroffen sind. So liegt am Freitag alles am richtigen Platz für die Ausgabe.

Vera wird auch woanders gebraucht. Engel sind nie außer Dienst. Sie kocht für die Nachbarn, putzt ehrenamtlich in der Gemeinde und hütet die Kinder von den »Neuen« im Haus gegenüber. Manchmal spürt sie den Druck auf ihren Schultern, wenn sie sich vorstellt, sie würde krank werden und könnte nicht zum Engeldienst erscheinen.

Es war wieder einmal Freitag. Die meisten Regale und Vorratskörbe waren bereits leer. Frau Roschinski kam heute erst kurz vor Ausgabeschluss. »Ich hoffe, ich bin nicht zu spät.«

Vera zuckte traurig mit den Schultern. »Das tut mir so leid. Ich habe noch jede Menge Dosenmilch, aber die frischen Waren sind schon alle weg.«

Frau Roschinski wollte sich gerade enttäuscht umdrehen und wieder gehen, als Vera den rechten Arm hob. »Halt, stopp, gehen Sie noch nicht. Morgen erhalten wir neue Ware. Ich komme einfach am Wochenende bei Ihnen vorbei und bringe Ihnen ein paar gute Sachen nach Hause. Sagen Sie mir Ihre Adresse?«

Hinterher bekam Vera einen großen Schreck. Was hatte sie da nur versprochen? Kundenbesuche – so etwas hatte sie noch nie gemacht. Und es war auch nicht vorgesehen in den gemeinnützigen Statuten. Aber egal, dachte sie, Engel bleibt Engel, besonders in Notfällen!

So kam es, dass Vera am Samstagnachmittag mit zwei großen gefüllten Papiertüten unterwegs war zu Frau Roschinski. Neben Vera humpelte ihr Mann Viktor, der sich kürzlich im Fitnessstudio das linke Knie verletzt hatte.

»Schön, dass du Zeit hast für einen Spaziergang«, sagte er und strahlte sie an. »So kannst du auch einmal etwas Gutes für dich tun«, fügte er leise hinzu. Sichtbar genoss er den gemeinsamen Ausflug.

Frau Roschinski wohnte etwas außerhalb des Städtchens. Nach fast einer Stunde erblickten sie schließlich in der Ferne die kleine, gelb gestrichene Hütte. »Was für ein winziges Haus!«, rief Viktor überrascht. »Was meinst du, wohnt sie dort allein?«

Vera zog die Stirn kraus. »Ich glaube. Sie ist ja auch schon ziemlich alt, bestimmt über 80.«

Als sie vor der Eingangstür standen und gerade anklopfen wollten, entdeckten sie neben dem

Häuschen ein kleines Rasenstück mit einer Bank. Auf dem Rasen – Vera traute ihren Augen kaum – tanzte Frau Roschinski völlig selbstvergessen, drehte sich um die eigene Achse wie ein junges Mädchen, streckte ihre Arme zur Sonne und bewegte sich wie zu einer geheimnisvollen Musik hin und her.

Als Frau Roschinski Vera erblickte, unterbrach sie kurz ihren Tanz und winkte die erstaunte Besucherin zu sich.

Viktor setzte sich schmunzelnd auf die Bank, die beiden Tüten neben sich, während Vera unsicher zu der Tänzerin ging. Die bewegte sich schon wieder im imaginären Takt und lud Vera mit ein paar Handbewegungen zum Mitmachen ein.

Nach kurzer Zeit wurde Viktor Zeuge einer wunderbaren Verwandlung. Seine Frau, die noch eben die Last der ganzen Welt auf ihren Schultern trug, ließ sich von der alten Tänzerin anstecken und wirbelte schließlich genauso leicht und frei über den Rasen wie sie.

Es dauerte mehrere Minuten, in denen die Welt kurz den Atem anhielt, bis sich die beiden Frauen erschöpft in den Armen lagen.

Als Vera und Viktor nach einer langen Teestunde Hand in Hand schweigend auf dem Rückweg waren, unterbrach er schließlich die Stille: »Wunderbar! Du warst wunderbar!« Er drehte sich zu ihr: »Ich meine, ihr wart beide wunderbar!«

Sie blieb stehen und sah ihm in die Augen. »Ich kann es immer noch nicht fassen. Zum ersten Mal in meinem Leben bin ich einem Engel begegnet – und wir haben gleich miteinander getanzt!«

4.

Heute gibt es Donuts

Cathy wohnt schon immer in ihrer Straße. Sie ist dort geboren und wuchs hier auf. Heute lebt sie allein in ihrer feuchten Wohnung. Die Eltern sind längst gestorben. Alle Nachbarn, die es sich leisten konnten, sind fortgezogen. Cathy hat den Absprung nie geschafft. Vielleicht wollte sie es gar nicht. Es ist schließlich ihr Zuhause.

Wenn sie beim Einkaufen gefragt wird, wo sie wohnt, zeigt sie stets in die falsche Richtung und sagt: »Immer die Hauptstraße runter und dann zweimal links.«

Abends geht sie oft mit zwei großen Kannen Tee ihre Straße entlang bis zu dem hohen Bauzaun, hinter dem der Schutt von Jahren aufgestapelt ist. Früher war es eine belebte Durchgangsstraße, heute traut sich kaum noch jemand Fremdes hierher.

Oft ist es schon dunkel, wenn sie an den grauen Häusern vorbeigeht. Die meisten sind nicht verputzt und viele Fensterhöhlen starren sie leer und dunkel an. Cathy hat keine Angst. Meistens summt sie unterwegs das Lied vom Wind oder vom Regenbogen.

Am Ende der Straße brennt heute so wie immer ein Feuer in einem großen, rostigen Fass. Drum herum sitzen lauter sonderbare Gestalten, die sie alle in ihr Herz geschlossen hat. Da ist Pico, der niemals fehlt und kaum noch Zähne hat. Heute ist wieder einmal Birdie dabei, der so eine tiefe Stimme hat und am liebsten geblümte Kleider trägt. Auch Igor gehört zu den Stammgästen. Manchmal bringt er seine Gitarre mit und singt wunderbar schief die alten Songs von Johnny Cash.

Dann sind da noch die beiden Rosies. Rosie eins ist so dünn, als hätte sie seit Wochen nichts gegessen. Rosie zwei braucht stets zwei Plätze für sich. Die beiden sind oft einheitlich gekleidet, als wären sie Zwillinge. Heute tragen sie hellblaue Trainingsanzüge. »Kommt immer drauf an, was die Kleiderkammer am alten Hafen so hergibt«, sagt Rosie eins und grinst dabei.

Heute sind auch einige Gäste da, die sich nur ab und zu blicken lassen. Lorrie hat ein bezauberndes Lächeln mitgebracht und eine Kiste weiche Brötchen. »Spende vom Supermarkt. Die verschimmelten habe ich aussortiert.« Pico mümmelt bereits selig.

Nach kurzer Zeit spürt Cathy deutlich, warum dies ihr absoluter Lieblingsort ist: Sie liebt das Feuer und die Schatten, die Gitarrentöne, das Geheimnis und den Himmel über ihnen, das Lachen und Fluchen – es ist einfach ihre Welt. Mehrmals schluckt sie, spürt im Bauch und in der Luft ein Kribbeln und Knistern und ruft in die Runde: »Wer will Tee? Frisch und heiß!«

Birdie hat seinen eigenen Becher dabei und reicht ihn herüber. »Gern doch, ich liebe deinen Tee.« Gleichzeitig lässt er eine Flasche mit einer klaren Flüssigkeit herumgehen. »Prost!«

Rosie zwei nimmt einen großen Schluck, dann fragt sie den Spender: »Sag mal, Birdie, bist du nun eigentlich Mann oder Frau?«

Birdie antwortet grinsend: »Willst du es genau wissen?«

Rosie zwei schüttelt kurz entsetzt den Kopf, dann lacht sie laut. »Danke, ist nicht nötig. Wir mögen dich so, wie du bist.«

In diesem Augenblick nähert sich von hinten ein Polizeiauto mit grellem Blaulicht. Pico verschwindet sofort hinter der Bretterwand vor dem letzten Haus. Der Wagen bleibt mit quietschenden Reifen neben der Gruppe stehen. Ein Uniformierter springt heraus und wird mit großem Hallo begrüßt. »Willkommen, Jim, setz dich zu uns!«

Jim ist in Eile. »Danke, keine Zeit! Ich hab gleich noch einen wichtigen Einsatz.« Er holt schnell einen Karton aus dem Kofferraum. »Unser Chef hat vorhin Geburtstag gefeiert. Sind 'ne Menge Donuts übrig geblieben. So könnt ihr mitfeiern. Ich schau nachher noch mal vorbei.«

Schon ist er wieder verschwunden, dieses Mal mit Sirene. Nach kurzer Zeit kommt Pico aus seinem Versteck heraus. Cathy blickt ihm skeptisch in die Augen. »Na, Süßer, hast du wieder was ausgefressen?«

Der schüttelt unschuldig den Kopf. »Nee, garantiert nicht. War nur alte Gewohnheit.«

Langsam kehrt Ruhe ein. Einige kauen weiche Brötchen und Donuts, andere schlürfen heißen Tee oder setzen gierig die Flasche an. Igor klimpert auf der Gitarre.

Als alle versonnen ins Feuer blicken, in Gedanken oder halb versunken, fangen plötzlich die Flammen an zu tanzen, obwohl kein Lufthauch zu spüren ist. Oder doch? Im selben Augenblick kommen mehrere Vögel herbeigeflogen und setzen sich in die beiden Bäume am Straßenrand. Cathy steht feierlich auf. »Sie sind wieder da, seht ihr das? Die Flammen und die Vögel im Ahorn. Ich hab Lust zu tanzen.«

Schon steht sie auf und bewegt sich im Rhythmus der Musik, obwohl Igor vor Schreck die Gitarre fallen ließ und die Klänge nur noch nachhallen.

Kurze Zeit später tanzen alle, ihre müden Körper winden sich und zucken. Wie in Ekstase feiern sie die Flammen und die Vögel und den Zauber der Gastfreundschaft im Nirgendwo am Ende der Straße. Niemand bekommt mit, wie sehr ihre Gesichter leuchten … oder doch?

Als sie glücklich und erledigt wieder sitzen, irgendwo in der Runde, manche liegen sich in den Armen, da blickt Cathy zu Igor. »Spielst du jetzt noch das Lied vom Regenbogen, bitte?«

Kurze Zeit später spüren alle einen starken, warmen Wind. Cathy lächelt. Und aus heiseren Kehlen hallt es durch die Straße: »Somewhere over the rainbow …«

5.
Der Platz der Engel

Pontus war immer dabei, wenn sie sich trafen – die Engel aus dem romantischen Gebiet jenseits vom weiten Meer und vom schwarzen Wald. Ihr Treffpunkt lag an einem Berghang oberhalb des großen Flusses. Dort am Hang gab es etliche terrassenförmige Plätze, die sich friedlich an den Berg schmiegten. Einige dieser Plätze waren bei den Menschen sehr beliebt. Es war nicht weit von der Hauptstraße, sie mussten nur einen kurzen Trampelpfad emporgehen und hatten einen wundervollen Blick über den Fluss. Abends trafen sie sich dort und genossen die Zeit mit den anderen Menschen.

Der Platz der Engel lag bedeutend höher. Den Menschen war der Weg hinauf zu anstrengend. Außerdem hatten sie von dort keinen freien Blick hinunter auf den Fluss. So blieben die Engel unter sich. Nicht, dass sie die Menschen mieden, im Gegenteil! Dafür waren sie schließlich hier auf der

Blauen Kugel, der Erde. Aber auch Engel brauchen Zeit zum Austausch untereinander und zum Kraftschöpfen aus der großen himmlischen Quelle.

Pontus liebte seine wichtigen Engelaufgaben. Einige Menschen waren ihm in besonderer Weise anvertraut und er war froh, dass er ihr Begleiter sein durfte.

Aber er freute sich auch auf die regelmäßigen Engeltreffen oben auf ihrem Platz am Berg. Dort konnten sie einander viel erzählen – vor allem von den glücklichen Momenten, wenn ein Mensch sich von seinem unsichtbaren Engel tief berühren lässt und die wunderbare Kraft der himmlischen Quelle spürt. Außerdem konnte Pontus manche seiner Enttäuschungen mit den anderen teilen und feststellen, dass er nicht der einzige Engel war, der manchmal nur den Kopf über die ihm anvertrauten Wesen schütteln konnte.

Der Platz der Engel grenzte an eine kleine Höhle aus Erde und Fels. Dort, halb im Hang, schlossen sich die versammelten Engel in die Arme, bevor sie sich wieder auf den Weg zu den Menschen machten. Dann spürten sie die himmlische Kraft und eine besondere Engelpower wie nirgends sonst oder höchstens ganz oben. Gestärkt strebten sie wieder auseinander und freuten sich auf ihre nächsten Aufgaben.

So verbrachte Pontus eine lange Engelzeit bei den Menschen und hatte immer auch Kontakt zu den anderen Engeln. Manchmal flog er den Hang hinunter und sah den Menschen zu, die auf einer der unteren Terrassen ihren Feierabend verbrachten. Dann fragte er sich, ob wohl jemand seine Nähe, die Nähe eines himmlischen Wesens, spüren würde.

Irgendwann wurde Pontus eine neue Aufgabe in einem anderen Teil des Universums zugewiesen und er musste Abschied nehmen. Auch dort nahm er seine Aufgaben gern wahr und freute sich, als himmlischer Bote unterwegs zu sein. Viele intensive Engeljahre verbrachte er an seinem neuen Wirkungsort.

Eines Tages spürte er eine tiefe Sehnsucht nach der alten Zeit jenseits vom weiten Meer und vom schwarzen Wald. »Wie gern würde ich den Berg und den Fluss und die Menschen noch einmal besuchen! Wie sehr wünsche ich mir, mich noch einmal mit den Engeln zu treffen – auf dem Platz der Engel oberhalb des Flusses!«

Und tatsächlich wurde sein Wunsch erfüllt. Er durfte noch einmal zurück. So machte er sich voller

Vorfreude auf den Weg in das Land seiner Erinnerungen.

Was ihm dort zuerst auffiel? Es hatte sich so viel verändert. Die Städte waren gewachsen, neue Straßen gebaut und viele neue Menschen geboren. Die Menschen von damals, die er begleitet und so gut gekannt hatte, waren längst in die himmlische Heimat zurückgekehrt.

Einen großen Schreck bekam er, als er den Platz der Engel besuchen wollte. Er entdeckte keinen einzigen Engel – nur lauter Menschen. »Was ist denn da passiert?«, fragte er sich ratlos. »Seit wann nehmen die Menschen den anstrengenden Weg nach oben auf sich?«

Die Fragen beschäftigten Pontus so sehr, dass er sich entschied, für kurze Zeit menschliche Gestalt anzunehmen. So stieg er selbst den langen Trampelpfad von der Hauptstraße am Fluss hinauf und kam dabei ganz schön ins Schwitzen.

Schließlich erreichte er keuchend seinen geliebten Platz der Engel. Sofort fielen ihm die vielen strahlenden Gesichter auf. Kurz entschlossen sprach er eine fröhliche, junge Frau an: »Es scheint euch hier gut zu gefallen, obwohl der Weg herauf anstrengend und der Blick eher enttäuschend ist.«

Sie sah den fremden Besucher freundlich an und lachte, und dieses Lachen berührte sein Herz. »Ich weiß es auch nicht. Irgendwie ist dieser Ort …« Sie überlegte. »Dieser Ort ist magisch. Als wäre es ein Stück Himmel. Irgendjemand hat mir mal erzählt, dass sich hier früher die Engel trafen.« Sie zögerte. »Aber das ist wahrscheinlich nur eine schöne Geschichte.«

Pontus ließ sich nichts anmerken. Innerlich jubelte er. Dann zeigte er auf die Höhle am Berg. »Da stehen besonders viele Menschen. Und alle sehen glücklich aus.«

Die junge Frau schmunzelte. »Magisch, nicht wahr! Du musst das auch mal erleben. Komm mit!«

Sie nahm ihn an die Hand. Sofort fielen ihm die kostbaren Momente ein, in denen sich die Engel in die Arme schlossen und mit himmlischer Kraft beschenkt wurden.

»Spürst du es?«, fragte sie lachend und warf die Arme vor Freude in die Luft. »Spürst du es?«

»Ja«, rief er, »ich spüre es! Genauso wie damals!«

Sie lachte noch immer. »Ist das nicht wunderbar? Stell dir vor, es berührt mich heute so sehr wie noch nie. Wirklich magisch! Findest du nicht auch?«

Sie drehte sich zu ihm. Der fremde Besucher war verschwunden.

6.

Ich wünsche mir einen Engel

Svea stand unschlüssig im Wohnzimmer neben dem Sideboard. An der Wand hingen zwei eingerahmte Karten, auf denen »Liebe für die Welt« und »Liebe mit Herz« geschrieben war. Auf dem Sideboard stand ein kleines rotes Herz aus Holz und daneben – nichts.

Als Ron ins Zimmer kam, zeigte sie sofort aufgeregt auf das auffällige Nichts. »Meinst du nicht auch, dass da ein besonders schönes Stück hingehört?«

Er sah sie fragend an. »Na ja, was hast du dir denn vorgestellt?«

Sie ging einen Schritt auf ihn zu. »Ich dachte, etwas, was uns guttut. Dir und mir und unseren Gästen. Stell dir vor, da würde ein Engel stehen und uns liebevoll anblicken.«

Ron schmunzelte kaum sichtbar. Dann fragte er: »Einfach so? Irgendein Engel?«

Sie schüttelte den Kopf. »Nein, der Engel der Liebe natürlich. Ich seh dir an, du hast es schon geahnt.«

Jetzt kam Ron auf sie zu und nahm sie in den Arm. »Eine schöne Idee! Aber meinst du nicht, dass wir schon genug Liebe haben?«

Sie verstand ihn absichtlich falsch und schüttelte energisch den Kopf. »Nein, davon brauchen wir ganz viel. Wir können gar nicht oft genug an die Liebe erinnert werden.«

An dieser Stelle war das Gespräch erst einmal beendet. Doch in Sveas Gedanken schwebte seit diesem Tag ein großer, eindrucksvoller Engel, der Engel der Liebe. Oder besser beschrieben – er thronte dort.

Wochen später hörte Svea von der Verkaufsausstellung des bekannten Glaskünstlers in der »Neuen Galerie«. Sie liebte seine bunten Objekte schon lange – egal ob abstrakt oder gegenständlich. Die Ausstellung durfte sie sich nicht entgehen lassen.

Natürlich musste Ron mitkommen. Er tat es sogar freiwillig – vielleicht aus echtem Kunstinteresse, vielleicht aber auch, um seine Frau zu bremsen, wenn sie wieder einmal viel zu schnell von etwas begeistert war. Die beiden hatten die Galerie gerade erst betreten, da zeigte Svea auf die Figuren mitten im Raum: »Schau mal, Ronnie, lauter Engel!«

Tatsächlich, auf einem großen, runden Podest standen mehrere kunstvolle, gläserne Engel und blickten genau in ihre Richtung. »Sind sie nicht wunderschön? Ich liebe sie alle.«

Die Begeisterung hielt, auch als Svea bereits eine gefühlte Stunde mit großen Augen vor der Engelversammlung gestanden hatte. »Der in der Mitte heißt der ›Engel der Liebe‹. Was für ein Engel!«

Der in der Mitte, das war mit Abstand der größte der gläsernen himmlischen Boten. »Mindestens ein Meter und zwanzig«, schätzte Ron mit Kennerblick. »Ich hoffe nicht, du willst …?«

Doch, Svea wollte. »Den Engel wünsche ich mir. Er sieht mich an, als wollte er unbedingt zu uns.«

Ron versuchte sie zu bremsen. »Ich finde, er ist ganz schön groß. Er sieht so … so mächtig aus.«

Immerhin, sie einigten sich darauf, die Entscheidung um einen Tag zu verschieben. »Erst einmal darüber schlafen«, das war Rons Devise bei allen großen Entscheidungen.

Für Svea wurde es eine unerwartet aufregende Nacht. Sie stand plötzlich in der Neuen Galerie zwischen den gläsernen Engeln. Der Engel der Liebe winkte sie sofort zu sich und drückte ihr mehrere eingerahmte Karten in die Hand: »Vergiss die Liebe nicht!«, »An erster Stelle kommt die Liebe« und »Hör auf den Engel der Liebe!«.

Ihr Engel war mindestens doppelt so groß wie sie. Als sie die Engelbotschaften gelesen hatte, nahm er sie fest in den Arm. Es tat weh. Svea wurde kleiner und kleiner, der Engel immer größer.

Dann standen beide im Wohnzimmer. Während Svea die Sprüche an der Wand befestigte, kletterte der Engel auf das Sideboard. Er musste den Kopf einziehen, sonst wäre er an die Decke gestoßen. Svea blickte zu ihm auf und taumelte.

Im nächsten Augenblick waren sie wieder in der Galerie. Der Engel sah sie streng an. Sie zitterte. Da kam ein kleiner Engel aus der Gruppe zu ihr und lächelte ihr zu.

In diesem Moment klingelte der Wecker. Schweißgebadet wachte Svea auf. Sie schüttelte ihren Mann, der erschrocken die Augen öffnete. »Was ist denn los, mein Schatz? Du bist ja ganz blass!«

Am Nachmittag gingen sie wieder zur Neuen Galerie. »Na, hast du dich entschieden?«, fragte Ron. »Soll es der Engel der Liebe sein?«

Sie schüttelte den Kopf. »Ich glaub, ich habe mich verrannt. Der ist mir zu groß. Es kann auch zu viel Liebe sein.«

Er sah sie erstaunt an. »Meinst du das jetzt ernst?«

Sie lachte. »Schau mal hier, der kleine lustige Engel, den wünsche ich mir. Der passt viel besser zu uns.«

Ron nahm sie in den Arm. »Da steht kein Name dran!«

Sie nickte. »Ich nenne ihn den Engel ohne Namen.«

Als sie auf dem Heimweg waren und sie den Engel vorsichtig im Arm trug, fragte Ron noch einmal nach: »Ist alles in Ordnung?«

Sie grinste. »Ich fühle mich wunderbar. Mein Engel hat mich gefunden.«

7.

Engelpost

Liebe Viola,

heute schreibe ich Dir einen Engelbrief, um zu berichten, was ich hier auf der Blauen Kugel erlebe. Natürlich habe ich Sehnsucht nach Hause, nach der Goldenen Stadt, aber zugleich bin ich dankbar für die Aufgaben, die ich hier erfüllen darf.

Ich bin zuständig für Leon, der schon seit 60 Menschenjahren auf der Blauen Kugel lebt. Du weißt, wie die Engelregel lautet? Ich darf mich ihm nicht zeigen, wenn er mich nicht sehen will. Also versuche ich es auf andere Weise. Neulich konnte ich ihm zuflüstern: »Vorsicht, ein Auto!« Und tatsächlich, er hörte auf mich. Das Auto raste wenige Zentimeter an ihm vorbei. Danach sagte er erschrocken: »Da hab ich aber Glück gehabt!«

Manchmal flüstere ich ihm etwas im Schlaf zu. Ich erinnere ihn daran, wie schön das Leben ist. Ich lasse ihn davon träumen, dass er alle Sorgen verges-

sen hat und sich lebendig und frei fühlt. Ich erzähle ihm von der himmlisch schönen Goldenen Stadt. Doch am nächsten Morgen hat er seine Träume vergessen. Vielleicht sind sie ihm unangenehm?

Du musst wissen: Ich liebe Leon. Ohne Liebe kannst du für niemanden ein Engel sein. Es berührt mich, wie verzweifelt er versucht, glücklich zu sein. Sein Haus ist übervoll mit unnötigen Schätzen und sein Herz ist so traurig. Ich hoffe, dass ich noch einiges für ihn tun kann. Vielleicht öffnet er sich ja, wenn er älter wird. Engel geben niemals die Hoffnung auf.

Ich bin sicher, dass es Dir gut geht, denn Du bist ja in der Goldenen Stadt. Ich schicke Dir viel Liebe von Engel zu Engel. Ich melde mich wieder.

Stella

Einige Engeltage später:

Liebe Viola,

das war eine intensive Zeit mit Leon, bis er schließlich in die himmlische Welt heimkehrte. Vielleicht bist Du ihm ja schon in der Goldenen Stadt begegnet?

In seinen letzten Menschenjahren hat er viel gelacht. Ich bin so glücklich darüber. Er hat sich mit seiner Tochter versöhnt. Und er hat das Staunen gelernt. Oft saß er hinter seinem Haus, blickte in den Garten und genoss die Schönheit der Schöpfung. Wie sehr hätte ich ihm das alles schon früher gewünscht! Aber ich bin dankbar, dass er nicht verbittert geworden ist. Ich glaube übrigens, dass er manchmal darauf gewartet hat, dass ich ihm etwas zuflüstere.

Nun dachte ich, dass ich wieder in die himmlische Welt zurückkehren würde. Aber daraus wird erst einmal nichts. Ich habe eine neue Aufgabe bekommen. Sie wird bald Anna-Lena heißen, ich weiß es schon. Ihre Eltern überlegen noch und wälzen Namensbücher. Sie haben noch ein paar Wochen Zeit.

Ich nenne die Kleine erst einmal Angela. Sie ist tatsächlich ein wahrer Engel. So wie alle Ungeborenen. Sie erinnert sich noch an ihre Heimat. Nachts träumt sie von der Goldenen Stadt. Wenn sie mich sieht, lacht sie fröhlich und beginnt vor Freude und Übermut zu hüpfen. Ihre Mutter zuckt dann jedes Mal zusammen.

Jetzt bist Du sicher gespannt, wie sich Angela entwickeln wird. Ich halte Dich auf dem Laufenden.
Stella

Einige Engelstunden später kam die nächste Engel-post:

Liebe Viola,

vor ein paar Menschenjahren (für uns sind das Engelstunden) wurde Anna-Lena »geboren«, wie die Menschen es nennen. Sie war ein wunderschönes Baby. Ihre Eltern waren überglücklich.

In der ersten Zeit lachte Anna-Lena immer noch fröhlich, wenn sie mich sah. Wir erzählten uns wunderschöne Geschichten. Wenn ich von der Goldenen Stadt sprach, leuchteten ihre Augen.

Inzwischen ist sie schon sieben Menschenjahre alt. Wir haben immer noch viel Spaß zusammen. Sie spielt und tobt so gern! Manchmal sage ich aus Versehen Angela zu ihr.

Ich weiß nicht, ob sie sich noch an die Goldene Stadt erinnert. Auf jeden Fall hat sie eine blühende Fantasie und erzählt von alten Schlössern und geheimnisvollen Verstecken, von fernen Inseln und sonderbaren, freundlichen Wesen.

Manchmal habe ich den Eindruck, dass sie mich nicht mehr erkennt. Ich weiß, das ist der Lauf der Dinge. Ich werde immer an ihrer Seite sein und ihr oft etwas zuflüstern. Vielleicht hört sie es. Ich liebe sie.

Wie sieht es bei Dir in der Goldenen Stadt aus?
Träumst Du manchmal davon, eines Engeltages einen Auftrag auf der Blauen Kugel zu bekommen?
Du würdest sie lieben – die Menschen.
Stella

8.

Der goldene Stein

Anne war gedankenversunken unterwegs im Park in ihrer Heimatstadt. Ihre Beine bewegten sich mechanisch. Von dem schönen Frühlingswetter und den vielen weißen und bunten Blüten am Weg bekam sie nichts mit. Sie tat sich leid und wusste nicht, warum. Äußerlich lief es doch rund bei ihr. Sie hatte alles, was »man« für ein glückliches Leben braucht. Trotzdem spürte sie, dass das Entscheidende in ihrem Leben fehlte. Nur was?

Sie dachte an ihre Familie. Sicher, sie liebte ihren Mann und die beiden Kinder. Doch meistens sah sie nur die viele Arbeit, die tägliche Routine und die ständigen Probleme. Ein Tag war wie der andere. Warum konnte sie sich so selten über ihr Leben freuen?

Sie dachte an ihren Garten, an die kleine Stadt, in der sie lebten, an die Familienausflüge in die Umgebung. Alles war wie immer. Sie konnte das alles nicht genießen. Manchmal wollte sie nur weg, wusste aber nicht, wohin. Anne setzte sich auf eine der romantischen Parkbänke. Die Sonne schien. Es war ein wunderschöner Tag, aber nicht für sie. Sie fühlte sich leer und unglücklich. Aus ihrer Handtasche kramte sie wie in Trance ein Taschentuch hervor, um sich die Tränen abzuwischen. Da entdeckte sie neben den Taschentüchern einen schlichten, runden Kieselstein. Sie lächelte kurz. Den hatte ihr kleiner Sohn kürzlich als Geschenk von einem Ausflug mitgebracht. »Es ist nichts Besonderes, nur ein Stein«, stellte sie emotionslos fest und nahm ihn in die Hand. »Kinder sehen in allem etwas Besonderes und Kostbares.«

Sie saß auf der Bank und hielt den kalten Stein in der Hand, bis er langsam warm wurde. »Es ist nur ein ganz gewöhnlicher Stein!« Nach und nach wurde sie müde und schloss die Augen. Nichts sehen, nichts denken. Das tat gut!

Sie wusste nicht, wie lange sie vor sich hingedöst hatte. Plötzlich bemerkte sie, dass eine wunderschöne Frau in einem leuchtend weißen Kleid sie aus der Ferne beobachtete und langsam auf sie zukam. Als sie schließlich direkt vor ihr stand, zwinkerte sie Anne freundlich zu und sah ihr liebevoll in die Augen. Ganz selbstverständlich setzte sie sich zu ihr auf die Bank und sagte erst einmal gar nichts. Nach ein paar Minuten zeigte sie fasziniert auf das Geschenk des Sohnes. »Das leuchtet ja wunderschön! Ist das Gold?« Erschrocken sah Anne auf den Stein in ihrer Hand. Tatsächlich, er leuchtete golden in der Sonne. »Was für ein Wunder!«, schoss es ihr in den Kopf. »Ein Stein aus Gold! Warum habe ich das vorher nicht bemerkt?« Sie überlegte, wo ihr Sohn den wohl gefunden hatte. »Ob es dort noch mehr gibt?«

Die Fremde drehte sich zu ihr und berührte sie kurz an der Schulter. Es fühlte sich gut an. »Manchmal sind wir blind für die wunderbaren Schätze, die uns umgeben. Die kann nur unser Herz sehen.«

Anne dachte an ihre Familie, an den Garten und die aufblühende Natur, an die Familienausflüge und die vielen kleinen und großen Überraschungen an jedem Tag. Dann schloss sie wieder die Augen. Nach einiger Zeit spürte sie einen warmen, angenehmen Windhauch in ihrem Gesicht und an ihrer Schulter. Es tat gut. Sie fühlte sich in ihrer Haut wohl wie schon lange nicht mehr. Als sie die Augen wieder öffnete, musste sie sich erst einmal orientieren. »Wo bin ich? Habe ich geschlafen?« Sie saß auf einer romantischen Parkbank, umgeben von herrlichen weißen und bunten Blüten. Mehrere Vögel flogen über sie hinweg. »Was für ein schöner Tag! Das habe ich lange nicht mehr erlebt! Ist das Leben nicht wunderbar?«

Sie öffnete die Hand. Darin lag ein kleiner warmer Kieselstein. Ein ganz normaler, ganz besonderer Kieselstein.

9.

Der alte Laden

Beate wohnte direkt an der spitzen Ecke, genau da, wo zwei vollgeparkte Wohnstraßen aufeinandertrafen. Die Häuser hier hatten alle mehrere Stockwerke und waren bestimmt mindestens 100 Jahre alt. In ihrer Wohnung befand sich früher ein kleiner Lebensmittelladen. Aber das war lange her.

Beate konnte sich noch gut an die alte Zeit erinnern, als es hier in der Gegend viele kleine Läden gab, in denen zum Ende des Monats »angeschrieben« wurde, wenn das Geld wieder mal nicht reichte. Damals standen nur wenige Autos am Straßenrand. Sie liebte ihren Stadtteil und die Menschen hier, vor allem die verlorenen Seelen, die in ihren Augen besonders hell leuchteten. Wer Beate einmal begegnet war, konnte niemals ihr offenes, zugewandtes Lachen vergessen.

Der winzige ehemalige Ladenraum war seit vielen Jahren ihr Wohnzimmer. Wenn bei ihr abends das Licht brannte, konnten die Vorübergehenden durch das große Fenster hereinblicken und wussten: Beate ist da. Sie ist da wie fast immer.

In dem Zimmer standen vier Stühle, die alle unterschiedlich aussahen, zwei einfache Hocker und eine alte Couch. Den Mittelpunkt bildete ein wunderschöner, antiker Tisch aus dunklem Holz, auf dem stets ein frischer Blumenstrauß stand.

Beate war eine begeisterte Sammlerin. Sie sammelte Menschen. Alle waren bei ihr willkommen, und oft reichten die Sitzplätze nicht aus.

Wer ihren kleinen »Laden« betrat, freute sich über das einladende Lächeln der Gastgeberin und über den Geruch von frisch gebackenem Brot und Kuchen. Und über den herrlichen Kaffeeduft.

Manchmal stand ein Fahrrad vor dem Eingang, manchmal ein Moped. Es kamen Menschen, die ihr ganzes Gepäck dabeihatten, und andere, die auch ohne Gepäck schwer beladen waren. Manchmal schlief jemand bei ihr auf der Couch. Manchmal saß jemand stundenlang da, murmelte vor sich hin und weinte.

Benno kam fast jeden Tag, weil er es nicht aushielt, allein in seiner Wohnung zu sein. Gerlinde kam vorbei, wenn sie morgens von der Arbeit kam, wie sie es sagte. Und Klara kam immer dann, wenn sie sich mit Ludmilla verkracht hatte. Beate stellte keine Fragen, wenn sie den Eindruck hatte, dass jemand nicht reden wollte. »Nimm Platz«, sagte sie dann, lächelte auf ihre wunderbare Weise und fügte hinzu: »Ich hol dir einen Kaffee.« Anschließend setzte sie sich zu ihren Gästen und strahlte über das ganze Gesicht.

Einigen Nachbarn war Beates Haus der offenen Tür ein wenig unheimlich. »Beate, was sammelst du nur für unglückliche Menschen. Du bist doch nicht die Bahnhofsmission oder das Sozialamt. Das ist doch deren Aufgabe.« Manche beschwerten sich über die »finsteren Gestalten«: »Man traut sich ja kaum noch vor die Tür.«

Beate blieb stets freundlich. Sie lächelte und sagte: »Es tut ihnen gut, so einen Ort zu haben. Und mir auch.«

Nur einige der Nachbarn kamen selbst in den Laden. Ab und zu setzte sich der Student, wie er von allen genannt wurde, auf einen Kaffee zu ihr, bevor er sich auf den Weg zur Universität machte. Aber alle wussten, dass er dort schon seit Jahren nicht mehr war.

Regelmäßig kam Maria aus dem dritten Stock. Sie konnte immer noch nicht Deutsch sprechen, aber die köstlichsten Teigtaschen der Welt backen.

Und dann erschien noch jede Woche der Hausverwalter, um »nach dem Rechten« zu sehen und anschließend drei Tassen Kaffee zu trinken, weil der Kuchen ohne Kaffee zu trocken war.

Eines Tages kam ein großer Wagen mit Blaulicht vorgefahren. Minuten später wurde Beate auf einer Trage aus ihrem Laden gebracht. Den Herumstehenden lächelte sie zu: »Macht euch keine Sorgen. Es ist alles gut!«

Sie kam nicht mehr zurück. Es sprach sich wie ein Lauffeuer herum, dass sie ihre letzte Reise angetreten hatte. Einige verstanden jetzt, wie sie ihre Worte gemeint hatte: »Es ist alles gut!«

Jetzt fehlte sie. Ihr Lachen fehlte und ihre offene Tür. Die Couch fehlte und die frischen Blumen. Und der Geruch von Kaffee und frisch gebackenem Brot und Kuchen.

Sie fehlte auch den Nachbarn. Fast alle spürten, dass das Stadtviertel seine Seele verloren hatte. Jemand aus dem Haus um die Ecke klebte einen Zettel an den Eingang der Ladenwohnung: »Wir haben es nicht gemerkt. Hier wohnte ein Engel.«

10.

Die saure Zitrone

E 13 hatte noch eine Menge zu lernen. An jedem Tag, den er auf der Erde verbrachte, wunderte er sich neu über die »sonderbaren« Menschen. Zum Glück hatte er E 4 an seiner Seite, einen erfahrenen Engel, der bereits viele Engeljahre auf der Blauen Kugel zugebracht hatte.

Eine Sache gefiel E 13 ausgesprochen gut. Die Menschen konnten wunderbar lachen. Er liebte die vielen Variationen, vom angedeuteten Schmunzeln bis zum fröhlichen Lächeln, vom Lachen bis zum … ja, was war das eigentlich, wenn die »Erdlinge« rot im Gesicht wurden, sich auf die Schenkel schlugen oder sich auf dem Boden wälzten und kaum noch Luft bekamen? E 13 konnte sich nicht sattsehen. Doch er verstand überhaupt nicht, warum dieselben Menschen im nächsten Augenblick nicht einmal mehr in der Lage waren, auch nur ein klitzekleines Schmunzeln in ihr Gesicht zu zaubern.

Eines Tages hielt er es nicht mehr aus. Er fragte E 4 besorgt: »Sag mal, wie kommt es, dass sich ihre Stimmung so oft und so schnell verändert? Manchmal sind sie so unglücklich, als würde es die wunderschöne Blaue Kugel, auf der sie leben, gar nicht geben. Dann ziehen sie sich in ihre Häuser zurück, verschließen die Türen und wollen mit niemandem reden. Sie haben zu nichts Lust und lassen sich von keinem Sonnenstrahl und keinem bunten Schmetterling verzaubern. Sie weinen so viele Tränen, dass ich Angst habe, sie würden vertrocknen.«

E 4 spürte, dass es Zeit war, dem Engelnachwuchs eine wichtige Lektion zu erklären. »Komm, wir suchen uns einen Menschen, der so traurig und unglücklich ist, wie du es geschildert hast.«

So führte E 4 seinen wissbegierigen Begleiter in eine große Stadt, in der sich die unterschiedlichsten Menschen auf dem Markt trafen. »Woher weißt du, wie die Menschen fühlen?«, fragte E 13.

Der erfahrene Engel lächelte. »Du wirst es auch wissen, eines Tages. Je näher du den Menschen bist und je intensiver du sie begleitest, umso mehr kannst du dich in sie hineinversetzen.«

E 13 war plötzlich sehr aufgeregt. »Und verstehen, kann ich sie auch verstehen? Sie sind manchmal so sonderbar.«

E 4 lachte. »Vielleicht ein wenig. Aber so richtig verstehe ich sie bis heute nicht. Obwohl ich …« Er schloss einen Moment lang die Augen. »Obwohl …«

E 13 wurde noch aufgeregter. »Obwohl was? Willst du es mir erzählen, bitte?«

E 4 begann zu lächeln, als würde er sich an ein magisches Erlebnis erinnern. »Vor einiger Zeit durfte ich ein paar Menschentage lang für einen besonderen Auftrag menschliche Gestalt annehmen. Das werde ich nie vergessen. Seitdem weiß ich, wie es ist, in eine saure Zitrone zu beißen oder einen Fußabdruck zu hinterlassen. Ich weiß, wie es ist, Hunger zu haben oder etwas loszulassen, was mir wichtig ist. Ich weiß, wie es ist, mich verloren zu fühlen oder vor lauter Begeisterung fast zu platzen.«

Es war E 13 anzusehen, dass er seinen Begleiter nicht richtig verstand. »Was meinst du mit Fußabdruck und damit, in eine saure Zitrone zu beißen?«

E 4 nahm ihn an die Hand. »Siehst du hier neben dem Gemüsestand die große Pfütze? Einige Menschen gehen mitten hindurch und …«

E 13 nickte heftig. »Ja, sie hinterlassen Spuren im lehmigen Untergrund. Das macht bestimmt Spaß. Jetzt bin ich dran!« Er lief aufgeregt durch den nassen Lehm, aber es waren keine Spuren zu sehen.

»Siehst du?«, sagte E 4 lächelnd. »Menschen hinterlassen Spuren in der Welt. Und die Welt – die Begegnungen und Erlebnisse – hinterlässt Spuren in den Herzen der Menschen. Manche Spuren sind tief und tun schrecklich weh.«

»Und was ist mit den Zitronen?«

E 4 zeigte auf einen Verkaufsstand. »Siehst du dort das kleine Kind? Es hält eine Zitrone in der Hand und jetzt, es fühlt sich gerade unbeobachtet, jetzt beißt es hinein. Sofort verzieht es das Gesicht zu einer sonderbaren Grimasse. Es scheint schrecklich zu schmecken. Doch im nächsten Augenblick beißt es noch einmal hinein. So sind die Menschen.«

Die beiden gingen weiter über den Markt, bis sie eine junge Frau mit wunderschönem, langen dunklen Haar entdeckten, die schluchzend auf einem Hocker saß. Von dem Markttrubel um sie herum schien sie nichts mitzubekommen. Immer wieder schlug sie die Hände vor ihre Augen. »Das ist Anita. Sie ist verliebt in einen jungen Mann.«

E 13 jubelte. »Wie schön, sie ist verliebt!«

Sein Begleiter schmunzelte. »Du wirst die Menschen noch besser kennenlernen. Das verspreche ich dir. Anitas Eltern sind mit dem Liebhaber ihrer

Tochter nicht einverstanden. Sie haben bereits einen anderen Mann als Bräutigam für sie ausgesucht. Jetzt ist sie völlig verzweifelt.«

»Und das hat Spuren in ihrem Herzen hinterlassen?«

E 4 nickte. »Ja, Spuren, die sehr wehtun. Da sind Wunden entstanden, die vielleicht niemals heilen werden.«

E 13 war immer noch nicht zufrieden mit den Erklärungen. »Aber weiß die junge Frau denn nicht, dass wir sie lieben? Der ganze Himmel umgibt sie mit Liebe. Stimmts?«

Sein Begleiter schmunzelte wieder. »Du hast recht. Aber die meisten Menschen fühlen die menschliche Liebe stärker als unsere. Und trotzdem brauchen sie beides.«

Noch einmal fragte E 13 nach. »Wäre es für die Menschen denn nicht leichter, wenn sie Engel wären? Dann würden sie sich eine Menge Schmerz ersparen.«

E 4 sah ihn versonnen an. »Vielleicht. Aber sie würden keine sichtbaren Spuren hinterlassen. Und sie würden nicht die wunderbaren Menschengefühle erleben. Stell dir einmal vor, du würdest in eine Zitrone beißen.« Dabei verzog er so lustig sein Gesicht, dass E 13 laut lachen musste.

11.

Die Perlenkette

Es ging schon länger bergab mit ihr. Schließlich kam der Tag, als der absolute Tiefpunkt erreicht war. Vera saß angezogen auf dem Bett und führte Selbstgespräche. »Mein Leben ist eine einzige Kette von Niederlagen und Enttäuschungen! Da ist nichts, worüber ich mich freuen kann. Mein Leben ist wie der Garten hinter dem Haus – eine einzige trostlose Wüste. Das war schon immer so. Ich will nicht mehr!«

Sie hatte zu nichts mehr Lust. Am liebsten hätte sie das Haus gar nicht mehr verlassen und niemanden mehr gesehen. Da klingelte es. »Besuch? So spät am Nachmittag?«

Es war ihre Tochter, die mit einem Strauß mit gelben und roten Blumen in der Tür stand. Sie lächelte, aber Vera lächelte nicht zurück.

»Mama, sei nicht so niedergedrückt! Du solltest mehr unter Menschen gehen. Etwas Leben schnuppern, das würde dir guttun.« Dann holte sie eine Vase aus dem Schrank. »Die Blumen sind aus meinem kleinen Garten. Siehst du – genau deine Farben!«

Vera setzte sich zögernd zu ihrer Tochter, die schnell den Tisch gedeckt hatte. »Mama, du magst doch meinen Käsekuchen so gern. Habe ich extra für dich gebacken. Der Tee zieht schon.«

Als die Tochter eine halbe Stunde später gegangen war, setzte sich Vera wieder auf die Bettkante. Sie hielt eine Kette in der Hand und dachte zurück an den Besuch und das sonderbare Geschenk ihrer Tochter. »Mama, die habe ich dir mitgebracht. Ich habe sie von einer Freundin, du kennst doch Patricia. Vielleicht gefällt dir die Kette. Ist nichts Wertvolles. Aber du magst doch bunte Perlen.«

Vera hielt die Kette in der Hand und blickte auf die Perlen. »Die sind aus Glas und haben irgendwann die Farbe verloren. Total stumpf und matt. Die hätte sie gern behalten können.«

Sie fühlte die Kugeln in der Hand und dachte wieder an ihr misslungenes Leben. Sie war müde und legte sich hin. »Nur einen Augenblick!«

Als sie nach einer Weile kurz die Augen öffnete, sah sie ihre Tochter neben dem Bett auf einem

Stuhl sitzen. »Ach, ich dachte, du bist schon gegangen.« Vera öffnete die Augen ganz. »Du hast dich umgezogen. Ein schönes weißes Kleid. Das steht dir gut.«

Die Tochter sah zur Mutter, die immer noch die Glasperlenkette in der Hand hielt. »Einfach reiben.«

Vera sah sie fragend an.

»Du musst nur eine der Perlen reiben. Oder streicheln.«

Vera nahm eine Perle zwischen Daumen und Zeigefinger. Im selben Augenblick stand sie auf der kleinen Bühne ihrer alten Schule. Sie sang ein Lied, wehmütig, aber wunderschön.

»Kannst du dich erinnern? Du hast es geliebt zu singen.«

Vera schaute ihre Tochter skeptisch an. »Da hast du doch noch gar nicht gelebt.«

Die Tochter lachte. »Siehst du die Perle?«

Vera blickte auf die Perle und erschrak. »Was ist das? Sie leuchtet plötzlich in vielen Farben.« Sie sah unsicher zur Tochter und bekam kein weiteres Wort heraus.

Die Tochter wartete, als hätte sie unendlich viel Zeit. Dann sagte sie wieder: »Du musst nur eine der Perlen reiben. Oder streicheln.«

Wie vorhin nahm Vera eine Perle zwischen Daumen und Zeigefinger. Es dauerte nur einen kurzen Moment, da sah sie sich, wie sie mit ihrem Mann und der Tochter hoch oben in den Bergen wanderte. Sie lächelte tief berührt. »Das war eine schöne Zeit. Wir hatten herrliche Tage da oben. Und du hast viel gelacht. Erinnerst du dich?«

Die Tochter nickte. »Und ob ich mich erinnere. Ich denke gern an unsere Urlaube zurück.« Sie sah ihrer Mutter lange in die Augen. »Du hast schöne Erinnerungen, Mama.«

Im selben Augenblick begann auch diese Perle in vielen Farben zu funkeln und zu strahlen.

Die Tochter stand auf und nahm ihre Mutter liebevoll an die Hand. »Komm, ich zeig dir etwas!«

Während sie das Haus verließen und in den Garten gingen, hielt Vera die Kette weiterhin fest in ihrer Hand. Wieder nahm sie eine Perle zwischen Daumen und Zeigefinger.

Im Garten, in dem eben noch Schutt herumlag und keine Blume zu sehen war, fing es wie durch ein Wunder an zu blühen.

»Kannst du dich erinnern, wie stolz du auf den Garten warst? Du hast dich mit großer Begeisterung dort um alles gekümmert.«

Vera nickte. »Das stimmt. Ich kann mich wieder erinnern. Oft blieben die Passanten am Zaun stehen und bewunderten die Blütenpracht.«

Nicht nur der Garten strahlte jetzt in herrlichen Farben, sondern auch die nächste Perle.

»So, ich muss jetzt gehen. Ich hoffe, du hast noch viel Freude an der Perlenkette.« Sie gab ihrer Mutter einen Kuss und war im selben Augenblick verschwunden.

Vera saß jetzt am Tisch und blätterte in alten Fotoalben. »Schöne Erinnerungen, wirklich! Ich denke viel zu selten an die vielen Glücksmomente in meinem Leben.«

Sie nahm wieder die Perlenkette in die Hand. Etliche Perlen leuchteten inzwischen wunderschön, andere waren noch völlig stumpf und matt. Sonderbar – jetzt hatte Vera wieder nur Augen für die farblosen Glaskugeln. »Es sind noch so viele da, die nicht leuchten und funkeln. Die Kette ist so wie mein Leben.«

Da kam noch einmal ihre Tochter herein. Sie nahm ihre Mutter lange in den Arm. »Mama, da sind so viele leuchtende Kugeln. Du darfst dich darüber freuen. Und die anderen – die werden eines Tages auch leuchten. Immer dann, wenn in deinem Leben neue schöne Erinnerungen geboren werden, beginnt eine der Perlen zu leuchten.«

Vera begann zu lächeln. »Also gut, wenn du meinst, dann will ich mal auf meine Tochter hören.«

In diesem Moment klingelte der Wecker. Erschrocken öffnete Vera die Augen. Sie lag im Bett. Neben ihr funkelte eine bunte Glasperlenkette in der Morgensonne.

12.
Der Versicherungsvertreter

Gottfried war ein Engel. Zumindest war er davon überzeugt. Schon als kleiner Junge lächelte er wissend, wenn seine Mutter ihm über den Kopf strich und leise flüsterte: »Du bist mein kleiner Engel, das darfst du nie vergessen.«

Später in der Schule spürte er seine besondere Berufung. Er war einfach anders als alle anderen, nicht nur wegen seines altertümlichen Namens. Er mochte die wilden Spiele und die belanglosen Gespräche seiner Klassenkameraden nicht. Er war schließlich ein Engel.

Irgendwann, Jahre später, entschied er: »Jetzt bin ich ein erwachsener Engel. Es ist Zeit, dass ich zu den Menschen gehe und ihnen Gutes tue. Sie werden mich lieben und dankbar sein, weil ich ihnen erkläre, wie sie leben sollen.«

Doch das Leben als Engel war für ihn voller Enttäuschungen und Niederlagen. Gottfried musste erleben, dass die Menschen nicht auf ihn hören wollten. Sie riefen ihm hinterher: »Kümmere dich um deine eigenen Angelegenheiten und lass uns in Ruhe!«

Es waren vor allem die Gestrandeten auf der Straße, die sich ein wenig über sein Kommen freuten. Gottfried brachte ihnen, worum sie ihn baten – Lebensmittel, Getränke, Kleidung. Er gab gern. Er gab so viel, dass kaum etwas für ihn übrig blieb. Manchmal flüsterte seine alte Mutter ihrem Engel ins Ohr: »Wie läufst du nur herum, so ungepflegt und mit alten, zerrissenen Hosen.« Dann schluckte Gottfried, aber das gehörte seiner Meinung nach zum Engelleben dazu.

Gottfried galt längst überall als Sonderling, der zwar ein großes Herz hatte, aber nicht in diese Welt passte. »Engel kommen aus einer anderen Welt«, beruhigte er sich.

Eines Tages bekam er Besuch von einem Versicherungsvertreter mit seltsam leuchtenden Augen. »Gabriel von der Höhe ist mein Name. Ich wollte mit Ihnen über Ihre Versicherungsverträge sprechen.«

Herr von der Höhe schien jedoch kein Interesse daran zu haben, Gottfried neue Verträge zu verkaufen. »Seltsam!«, dachte der. Stattdessen sah sich der Besucher in der Wohnung um und beobachtete Gottfried genau. Schließlich fragte er: »Wie geht es Ihnen? Sind Sie zufrieden mit Ihrem Leben?«

Gottfried dachte zuerst, sich verhört zu haben. »Wie es mir geht?« Er schluckte. Dann sah er zu dem Besucher. Der sah aus, als wäre er wirklich an Gottfried und einer Antwort interessiert.

Er schluckte noch einmal. »Wie es mir geht? Ich weiß es auch nicht. Manchmal habe ich den Eindruck, ich mühe mich verzweifelt ab, um den Menschen zu helfen, erreiche nichts und gehe dabei selbst kaputt.«

Von der Höhe blickte ihm freundlich in die Augen. »Warum mühen Sie sich so ab? Erwartet das jemand von Ihnen?«

Gottfried begann zu stottern. »Ich, ich weiß nicht. Ich muss doch …« Mehr bekam er nicht heraus. Schließlich konnte er doch einem Fremden nicht verraten, dass er ein Engel war.

Von der Höhe lächelte, als würde er Gottfried verstehen können. »Sie müssen gar nicht. Wissen Sie, sogar Engel müssen nicht. Engel gehen nicht kaputt, weil sie zu viel geben. Engel lieben die Menschen und sich selbst.«

Gottfried sah betreten zu Boden. Dabei streifte sein Blick die zerrissene Hose. Er schluckte. Dann sah er wieder hoch. Doch sein Gegenüber war verschwunden. Gottfried war allein.

Seit diesem Tag geschah eine wunderbare Verwandlung mit ihm. »Ich bin wohl doch kein richtiger Engel«, sagte er immer wieder zu sich selbst und fühlte sich frei wie noch nie.

Gottfried besorgte sich eine neue Hose, das heißt, sie war fast neu. Er achtete darauf, dass er Zeit für sich und für die schönen Seiten des Lebens hatte. Er hörte auf zu müssen.

Die Verwandlung ging noch weiter. Gottfried begann, die Menschen zu lieben, die Selbstsicheren und die Gestrandeten. »Erst als ich kein Engel mehr war, bekam ich Flügel«, sagte er manchmal und dachte dabei an Gabriel von der Höhe.

Den sah er übrigens nur noch ein Mal in seinem Leben. Er stand an der Ampel, als von der Höhe in einem offenen Wagen vorbeifuhr. Der erblickte Gottfried, winkte ihm fröhlich zu und rief laut: »Ich freue mich für Sie, Herr Kollege!«

13.
Engel in Ausbildung

Gregorius war ein erfahrener Engel. Er hatte schon viele Menschen begleitet. Vor langer Zeit wurde er in die Engelakademie berufen als Anleiter und Begleiter der »Engel in Ausbildung« (EiA).

So standen eines sonnigen Engeltages drei Engelanwärter erwartungsvoll vor ihm und freuten sich darauf, schon bald mit einer besonderen Aufgabe zu den Menschen geschickt zu werden.

»Ich begrüße euch hier in der himmlischen Engelakademie. Mein Name ist Gregorius.« Er räusperte sich kurz. »Nennt mich einfach Greg.«

Nacheinander stellten sich die drei Engel vor. Zuerst Paula, die einen angenehm verträumten, liebevollen Eindruck machte. Dann folgte Luna, die ein richtiger Powerengel zu sein schien. Schließlich war da noch Jonas, der sich Mühe gab, immer alles richtig zu machen.

Gregorius kündigte sofort die erste Lektion an. »Ich begleite euch jetzt auf die Erde und zeige euch eine Situation, zu der ich gern eure Meinung wüsste.«

Nur wenige Augenblicke später standen sie in einem großen Raum mit spektakulärem Blick hinunter auf den Fluss und die Stadt. Dort arbeitete Edward. Aber er sah nicht hinaus, sondern starrte gebannt auf einen der vielen Bildschirme. Darauf flimmerten lauter Zahlen, die sich ständig veränderten. Es waren die aktuellen Aktienkurse.

Ab und zu blickte er kurz auf das Foto einer fröhlich lachenden Frau, das neben dem Bildschirm lag. Dann seufzte er kurz, um sich anschließend wieder den Zahlen zuzuwenden.

»Was ist los mit Edward?«, fragte Gregorius. »Er sieht nicht glücklich aus. Habt ihr eine Idee?«

Jonas meldete sich. »Ich glaube, er arbeitet zu viel. Und er hat Probleme mit der Frau auf dem Bild.«

Gregorius nickte. »Er ist verliebt, aber sie hat auf die roten Rosen, die er ihr geschickt hat, nicht geantwortet. Was würdet ihr tun?«

Luna war die Erste: »Der Arme! Ich würde die Frau dazu bewegen, ihm eine Antwort zu geben. Und zwar eine positive!«

Paula flüsterte: »Die Liebe ist das Größte. Vielleicht sollten wir ihm irgendwie klarmachen, dass Arbeit nicht alles ist. Er braucht Zeit für die Liebe.«

»Ja«, schloss sich Luna an, »mehr Zeit für die Liebe. Ich würde den Strom abschalten, damit Edward Zeit für die Liebe hat.«

Jonas stöhnte. »Das ist ganz schön kompliziert. Darf ein Engel überhaupt den Strom abstellen? Gibt es dazu feste Regeln, Greg?«

Gregorius schmunzelte. »Gegen den Willen eines Menschen dürfen wir nichts tun. Wir können niemanden dazu zwingen, einen bestimmten Menschen zu lieben oder weniger zu arbeiten. Wir können ihnen aber positive Gedankenblitze schicken. Und wir können ihnen den Anstoß geben, aus dem Fenster zu schauen.«

»Damit sie sehen«, sprudelte es aus Paula heraus, »wie wunderschön die Welt ist, in der sie leben?«

»Ja«, nickte Gregorius, »das ist eine gute Idee. Die Menschen sind oft so unglücklich, weil sie den Blick für das Gute und das Schöne verloren haben.«

Er winkte die EiA nah zu sich heran. »Die zweite Lektion beginnt. Lasst uns jetzt einen anderen Menschen besuchen.«

Es dauerte nur ein paar Flügelschläge, da waren sie bereits in der Wohnung von Lia angekommen. Die Vorhänge waren zugezogen, es kam nur wenig Licht von draußen herein. Lia saß in der Küche, löffelte Eis direkt aus der Verpackung und wartete.

»Worauf wartet sie?«, fragte Paula. »Ich habe den Eindruck, dass sie unglücklich ist.«

»Sollten wir nicht erst einmal die Vorhänge zur Seite ziehen?« Luna hätte am liebsten sofort damit begonnen.

»Ich glaube, das wäre nicht in Ordnung«, sagte Jonas seine Meinung dazu. »Gegen den Willen eines Menschen dürfen wir nichts tun.« Dabei blickte er stolz zu Gregorius. »Stimmts?«

Der freute sich über die ersten zarten Erfolge seines Unterrichts. »Stimmt genau! Ich werde euch etwas über Lia erzählen. Wenn wir ihr helfen wollen, müssen wir sie kennenlernen.« Er zeigte auf Lias Telefon. »Habt ihr eine Idee, was sie denkt?«

Jonas trat etwas näher, um sich alles genau anzuschauen. »Ich glaube, sie wartet auf einen Anruf von ihrer Mutter.«

»Oder von ihrem Liebhaber?«, mutmaßte Paula.

Gregorius schüttelte den Kopf. »Sie wartet darauf, dass sich irgendjemand bei ihr meldet. Es ist ihr völlig egal, wer!«

»Warum ruft sie nicht selbst jemanden an?«, fragte Paula. »Es wäre doch schön, mit jemandem zu sprechen. Menschen brauchen Begegnung, habe ich gehört.«

»Sie fühlt sich wertlos«, sagte Jonas, »da traut sie sich einfach nicht. Sie hat Angst, enttäuscht und abgewiesen zu werden.«

Luna stemmte ihre Hände in die Hüfte. »Warum kommt nicht endlich ein Anruf? Lasst uns jemandem zuflüstern, dass Lia jetzt sofort angerufen werden muss!«

Gregorius lächelte milde. »Wäre das eine Lösung ihrer Probleme? Was meinst du, Paula?«

Paulas Augen leuchteten. »Ich würde Lia zeigen, was für ein fantastischer Mensch sie ist. Ich würde sie lieben, wie das nur Engel können. Vielleicht wird sie sich dann selbst für liebenswert halten.«

Gregorius machte einen zufriedenen Eindruck. »Das ist ein guter Vorschlag! Engel sind voller Liebe. Und die Liebe dürft ihr in der Welt verstreuen.«

»Wie Sternenstaub?«, fragte Jonas.

Gregorius lächelte wieder. »Ja. Ihr könnt Liebe verstreuen wie Sternenstaub. Und jetzt geht es zu unserer dritten Station.«

Nach kurzer Zeit landeten sie bei einem Obdachlosen irgendwo in der Fußgängerzone einer großen Stadt. Gregorius erzählte die Geschichte von Alex: »Er lebt seit einigen Wochen im Freien, wie er selbst sagt. Seine Ehe ist daran zerbrochen, dass er der Flasche stets näher war als seiner Frau. Tausendmal hatte er Besserung versprochen. Als sie ihn verließ, hat er seinen letzten Halt verloren.«

Die Engel sahen zu Alex und spürten Mitgefühl und Liebe.

»Was schlagt ihr vor?«, fragte Gregorius.

Luna wusste sofort eine Lösung: »Wir müssen ihn kräftig schütteln. Merkt er denn gar nicht, dass er sein Leben zerstört?«

Jonas sah unsicher zu Gregorius, dann sagte er: »Ich glaube, Alex ist schon geschüttelt genug. Die meisten Menschen lernen durch ihre Probleme und Niederlagen. Manchmal wachsen sie über sich selbst hinaus.« Er nahm sich Zeit, um Alex in die Augen zu schauen. »Ich glaube, er schafft es.«

Gregorius nickte. Dann blickte er in die Runde und fragte: »Was können wir denn für ihn tun?«

Sofort trat Paula einen Schritt vor. »Ich würde ihn an die schönsten Träume erinnern, die er früher einmal gehabt hat. An seine Sehnsucht und seine Hoffnung. Und an die Kräfte, die in ihm schlummern. Und an die Liebe, ja, an die Liebe.«

Gregorius lächelte wieder zufrieden. »Das hört

sich gut an. Erinnert sie an ihre Träume. Und hört nie auf, an die Menschen zu glauben, egal, wie sich ihr Leben entwickelt hat.«

Er sah sich um und sprach dann langsam und feierlich: »Jetzt geht es in die Praxis, ins volle Menschenleben. Euer Auftrag beginnt.«

Die drei EiA umarmten sich. »Los gehts!«, rief Luna. Jonas drehte sich zu Gregorius: »Danke, Greg, für alles! Wenn ich Fragen habe, melde ich mich.«

Paula strahlte über das ganze Gesicht. »Wenn ihr wüsstet, wie sehr ich mich auf die Menschen freue!«

14.
Umgeben von Engeln

Helen liebte Engel. Sie war überzeugt, immer und überall von den himmlischen Boten umgeben zu sein. »Es sind die Engel, die meine inneren Quellen immer wieder auffüllen«, sagte sie oft. Wenn jemand zurückfragte: »Von was für einer Quelle sprichst du?«, dann antwortete sie: »Von der großen Quelle des Lebens, in der die Liebe sprudelt und der Glaube, die Hoffnung und die Lebensfreude, der Mut und die Kraft und …« Manchmal stockte sie an dieser Stelle, um dann schnell hinzuzufügen: »Und all die wunderbaren Gaben, ohne die ich nicht einen Tag lang leben könnte.«

Helen sprach gern von ihren »unsichtbaren« Begleitern, wie sie es ausdrückte. »Aber natürlich sind sie trotzdem sichtbar. Unser Herz sieht doch mehr als unsere Augen!« Dann lachte sie so ansteckend, als würde sie gerade eine ganze Engelschar sehen.

Ebenso gern erzählte sie von den »sichtbaren« Engeln und meinte damit ihre stattliche Engelsammlung aus kleinen und großen, ernsten und lachenden Gestalten aus Glas und Porzellan, Holz, Papier oder Keramik. »Die erinnern mich an die unsichtbaren Engel«, sagte sie. »Wenn ich sie anschaue und mit ihnen spreche, habe ich immer den Eindruck, von Liebe umgeben zu sein.«

Helen liebte es, gute Botschaften zu verschenken. »Das sind meine Engelbotschaften.« Sie gab kleine Kärtchen mit Ermutigungen weiter und verschenkte Fotokarten mit Segenswünschen und humorvollen Lebensweisheiten.

Manche Menschen waren sogar davon überzeugt, dass Helen selbst ein Engel war – oder dass sie zumindest einen Hauch Engelfeeling verbreitete.

Patrick, ihr Ehemann, spürte jeden Tag, was für ein besonderer Mensch an seiner Seite lebte. Er liebte Helens Lebensfreude, ihren Humor und ihre Zuversicht. Ohne sie, davon war er überzeugt, würde in der Welt ein helles Licht fehlen.

Allerdings – ihre Engelbegeisterung konnte er nicht teilen. »Natürlich gibt es keine Engel!«, betonte er immer wieder. Wenn Helen von ihren Begegnungen mit der himmlischen Welt sprach, winkte er lächelnd ab, nahm seine Frau liebevoll in den Arm und flüsterte ihr ins Ohr: »Deine Engel in allen Ehren! Sie tun dir bestimmt gut. Aber ich bin und bleibe Realist.«

Dann geschah das Unvorstellbare. Helen starb und Patrick blieb allein zurück. »Ein Licht ist verloschen«, sagte er den Menschen, die ihm Trost spenden wollten. »In mir ist es dunkel geworden.« Die Vorhänge in seiner Wohnung blieben geschlossen.

Ab und zu kam sein einziger Sohn zu Besuch, um den Vater aufzumuntern. Paul zog jedes Mal die Vorhänge zurück und setzte sich zu ihm. »Wo sind eigentlich die Engel geblieben, die überall in der Wohnung standen?« Patrick schloss kurz die Augen, dann antwortete er: »In den ersten Wochen kamen viele Menschen, um ihr Beileid und Mitgefühl auszusprechen. Jedem von ihnen habe ich einen der Engel mit auf den Weg gegeben. Ich glaube, das hat meine Besucher getröstet. Und ich – ich komme hier ganz gut ohne Engel zurecht.« Dabei lächelte er bitter.

Immer wenn Paul gegangen war, zog sein Vater die Vorhänge zu und versank wieder in seiner Einsamkeit.

Es war genau ein Jahr vergangen, seit Patrick Abschied von Helen nehmen musste. Als Paul zu Besuch kam, fiel ihm sofort auf, dass die Vorhänge in der Wohnung geöffnet waren. Das Licht fiel herein und tauchte alles in einen hellen Schein.

Paul nahm seinen Vater lange in die Arme. »Ich freue mich für dich. Du siehst so fröhlich aus und deine Augen leuchten wie …« Er dachte kurz nach. »So wie damals, als sie noch lebte und uns immer wieder mit ihrer Fröhlichkeit ansteckte.«

Patrick ging in die Küche. »Ich koche uns einen Tee. So, wie Helen es früher immer getan hat.«

Dann nahmen sie im Wohnzimmer an dem großen Tisch Platz. Nach dem ersten Schluck Tee setzte Paul die Tasse ab und sah sich auf dem Tisch um. Ihm stockte der Atem. Neben der Teekanne stand ein bunter Engel aus Holz, der ihn fröhlich anstrahlte. Paul sah zu seinem Vater. »Woher kommt der denn? Ich dachte, du hast alle Engel verschenkt?«

Patrick schmunzelte. »Du hast recht. Eigentlich wollte ich sie alle weggeben. Weil es ja keine Engel gibt. Aber dann fand ich noch einen im Regal zwischen ihren Lieblingsbüchern. Und stell dir vor, seit er hier steht und mich jeden Tag anblickt, scheint endlich wieder die Sonne.«

15.
Redaktionssitzung

Die drei Mitglieder der Redaktion vom *Magazin mit Herz* hatten sich soeben im Besprechungsraum versammelt. Auf den Tischen waren lauter Karten mit Sprüchen verteilt. »Die habe ich gestern alle säuberlich per Hand geschrieben«, sagte Julia stolz. »Das sind die Einsendungen unseres Wettbewerbs: Sag es mit einem Satz – was ist die Aufgabe der Engel? Insgesamt 169 Antworten haben wir erhalten. Ich dachte, Engelbotschaften sollten richtig schön mit der Hand geschrieben werden.« Sie hielt Kathrin und Leon theatralisch ihre rechte Hand entgegen. Es sah aus, als brauchte sie sofort einen Verband und eine Krankschreibung.

Leon lächelte mitfühlend. »Du Arme! Danke für deinen Einsatz. Wir wissen das zu schätzen. Aber 169 Einsendungen sind ein tolles Ergebnis.«

Kathrin sparte sich Mitleidsbezeugungen und kam gleich zur Sache: »Das scheint ein Thema zu sein, das in der Luft liegt und unsere Leserinnen interessiert. Vielleicht können wir eine ganze Serie daraus machen, nach dem Motto: Alles über Engel.«

Leon sah Julia fragend an. »Hat Kathrin recht, dass es nur Zuschriften von Leserinnen gibt?«

Julia schüttelte vielsagend den Kopf. »Ich staune über die große Beteiligung der Männer. Insgesamt 22.«

Leon zog kurz die Stirn kraus, dann dozierte er: »Das sind rund 13 Prozent. Engel sind nicht unbedingt ein Männerthema. Jetzt bin ich mal gespannt auf die Einsendungen.« Er sah zu Julia. »Hast du schon deine Favoriten gefunden?«

Julia strahlte. »Ihr werdet euch wundern. Als ich gestern schrieb und schrieb, wurde mein Herz ganz weit, so sehr hat mich vieles berührt.« Sie griff nach einer der Karten, räusperte sich kurz und las feierlich vor: »Engel umgeben dich mit Liebe.« Sie machte eine kurze Pause und holte Luft. »Was meinst du dazu, Kathrin?«

Kathrin schluckte und sagte erst einmal gar nichts. Dann drehte sie sich kurz zur Seite und putzte sich die Nase. »Entschuldigung!«

Julia versuchte es noch einmal: »Engel umgeben dich mit Liebe. Was meinst du dazu?« Sie sah hilflos zu Kathrin, die immer noch kein Wort herausbrachte. Dann antwortete sie selbst: »Der Satz geht mir auch nah. Gerade, weil ich seit letztem Jahr wieder allein lebe. Vielleicht haben mich die Engel ja davor bewahrt, ganz abzustürzen.« Schnell griff sie nach einer anderen Karte. »Hier, das passt ganz gut dazu, finde ich: Engel erinnern uns an unsere Flügel.«

Leon nahm die Karte in die Hand. »Ich sehe das vielleicht alles etwas realistischer als ihr. Aber dieser Spruch könnte mein Favorit werden: Engel tragen uns nicht auf Händen, sondern ermutigen uns, selbst zu gehen.«

»Oder zu fliegen«, fügte Kathrin hinzu, die ihre Sprache wiedergefunden hatte. »Auch wenn das natürlich nur übertragen gemeint ist.«

Julia nickte Leon zu. »Das geht übrigens aus vielen Einsendungen hervor – Engel erledigen nicht unseren Job. Das müssen wir schon selbst tun. Aber Engel ermutigen und lieben uns. Und sie glauben an uns.«

Leon schmunzelte. »Die Engel glauben an uns, das hört sich gut an. Aber jetzt wüsste ich gern von euch, glaubt ihr eigentlich an Engel? So richtig glauben, meine ich.«

Julia sah ihn entgeistert an. »Natürlich glaube ich an Engel. Ich habe schon oft gespürt, dass sie da sind. Manchmal helfen sie mir durch Ermutigung, aber oft auch durch Bewahrung. Das habe ich eben schon angedeutet. Diese Engel nenne ich dann Schutzengel.«

Kathrin nickte zustimmend. »Das sehe ich auch so. Für mich sind Engel vor allem die Boten der Liebe. Ich brauche das.«

Die beiden Frauen blickten jetzt zu Leon. Julia lächelte. »Männer sind ja oft Realisten, wie du sagst. Die tun sich mit Gefühlen schwer, obwohl Gefühle schließlich auch real sind. Also, jetzt kommen wir zu dir: Glaubst du an Engel?«

Leon blickte zu Boden, als wäre ihm diese Frage peinlich. Dann sah er zu seinen Kolleginnen. »Ich habe euch früher einmal erzählt, wie ich meine Frau kennengelernt habe. Unsere Begegnung war so ein Zufall, dass es eigentlich unmöglich war. Sagt meine Frau auch. Und dann sagt sie immer, da muss wohl jemand von oben eingegriffen haben. Und …«, er stockte und grinste, »dann kann ich ja wohl nicht anders, als an Engel zu glauben.«

16.
Können sie uns fühlen?

Sie sahen sich zum ersten Mal bei der Abreise zur Erde. »Das ist Viola«, sagte der Erzengel zu Konrad. »Sie ist schon einmal dort gewesen. Aber du wirst sicher bald lernen, wie es auf der Erde zugeht und was die Aufgabe der Engel dort ist.«

Dann sah er zu Viola. »Du erinnerst dich bestimmt an deinen ersten Besuch dort. Da war alles neu für dich. Aber du hast schnell gelernt. Vielleicht kannst du Konrad etwas unter die Arme ... « Er hüstelte verlegen und blickte auf Konrads Flügel. »Vielleicht kannst du ihm am Anfang helfen und ihm erklären, wie die Menschen ticken.«

Es dauerte nicht lange, da waren die beiden bereits unterwegs. Als sie die Erde in der Ferne auftauchen sahen, jubelte Konrad: »Viola, sieh doch, die wunderschöne Blaue Kugel! Ich habe mich so darauf gefreut und jetzt liegt sie vor uns!«

Viola schmunzelte und fühlte sich dabei furchtbar abgeklärt. »Du wirst noch vieles erleben, was dich überrascht.«

Kurze Zeit später standen sie bereits auf der Erde. Vor ihnen lag ein kleiner See, der in der Mittagssonne glänzte. Mehrere Ruderboote mit fröhlichen, winkenden Menschen waren dort unterwegs. Konrad blieb wie angewurzelt stehen und konnte nicht genug bekommen von dem, was er sah. »Das übertrifft alles, was ich mir vorgestellt habe. Lass uns noch einen Augenblick hierbleiben und den fantastischen Ausblick genießen!«

Doch Viola drängte zum Aufbruch. »Du wirst noch mehr sehen, das habe ich doch versprochen. Aber jetzt dürfen wir unseren Auftrag nicht vergessen.«

Konrad sah sie fragend an. »Was ist überhaupt unser Auftrag? Welchen Menschen sollen wir begleiten?«

Viola grinste verlegen. »Gute Frage! Das hätte ich fast vergessen. Ich fordere schnell mal die Informationen per E-Post an.«

Konrad verstand wieder nicht. »Haben wir hier denn Empfang?«

Viola nickte. »Die Engelpost funktioniert immer und überall. Hier siehst du schon das Ergebnis. Unser Mensch heißt Agnes und ist 42 Jahre alt.«

»Engeljahre oder Menschenjahre?«

Viola lachte laut auf. »Natürlich Menschenjahre. Das wären umgerechnet höchstens ein paar Engelstunden. Hier sind noch mehr Infos über Agnes. Aber die lesen wir nachher, wenn wir bei ihr angekommen sind.«

Wieder dauerte es nur einen kurzen Augenblick, bis sie am Ziel waren. Sie standen vor einem kleinen Siedlungshäuschen aus rotem Backstein. »Wie entzückend!«, rief Konrad, bevor er sich schnell die Hand vor den Mund hielt. »Ich meine, was für ein schönes Haus!«

Viola lächelte wieder und schüttelte kurz den Kopf über seinen gefühlvollen Kommentar. »Jetzt lass uns mal hineingehen und Agnes besuchen.«

Konrad sah sie überrascht an. »Sollten wir nicht klopfen oder klingeln? Wenn wir plötzlich bei ihr auftauchen, bekommt sie doch sicher einen großen Schreck.«

Viola schmunzelte. »Sie kann uns nicht sehen. Für ihre Augen sind wir unsichtbar.«

Konrad sah sie erstaunt an. »Sie sieht uns nicht, aber wir sehen sie? Sonderbar! Aber kann sie uns fühlen oder hören?«

Viola schüttelte den Kopf. »Nein, ich glaube nicht. Nur selten kommt es vor … aber nein, normalerweise nicht.«

Schon waren sie im Wohnzimmer, in dem ein junges Mädchen saß. Viola holte schnell die E-Post heraus. »Das sieht nach einem Irrtum aus. Ich lese mal die weitere Nachricht vor: Agnes ist alleinerziehend. Sie hat eine 17-jährige Tochter, Pia.« Viola war die Erleichterung anzusehen. »Die Information stimmt also doch. Das hier ist die Tochter.«

Konrad blickte sich im Zimmer um. »Das ist schön eingerichtet. Und die Tochter macht einen ziemlich taffen Eindruck. Die wird ihren Weg gehen.«

Viola sah ihn skeptisch an. »Soso, du weißt schon, wie die Sache ausgeht?«

Dann kam Agnes in den Raum. Konrad klatschte in die Hände. »Was für eine schöne Frau! Sie hat so lange, dunkle Haare. Ihre Augen sehen etwas traurig aus. Ich liebe diese Frau!«

Viola staunte kurz über ihren enthusiastischen Begleiter, dann las sie weiter vor: »Agnes hat Probleme mit ihrer Tochter, weil sie die junge Frau immer noch wie ein Kind behandelt. Außerdem ist sie unzufrieden mit ihrer Arbeitsstelle. Abends ist sie zu müde zum Ausgehen, aber sie hat sowieso niemanden, mit dem sie etwas unternehmen könnte. Sie sieht keine Zukunft für sich. Achtung, das ist wichtig: Sie besitzt kein Selbstvertrauen.«

Agnes drehte sich gleich wieder um und rief Pia im Gehen zu: »Ich geh in den Garten, eine rauchen. Die Kinder waren heute wieder so anstrengend!«

Konrad wandte sich zu Viola: »Ich bewundere sie dafür, dass sie mit Kindern arbeitet. Das ist so eine wichtige Aufgabe. Bestimmt ist es nicht nur anstrengend, sondern bringt auch viel Spaß!«

Die beiden Engel gingen hinaus in den Garten. Agnes stand am Gartenzaun, auf der anderen Seite stand die Nachbarin. Sie rauchten und klagten sich gegenseitig ihr Leid.

Konrad sprang begeistert in die Luft und rief laut: »Yippie!« Dann hielt er inne, sah schuldbewusst zu Viola und fragte: »Sie kann uns doch hoffentlich nicht hören, oder?«

Viola schüttelte den Kopf. »Nein, ich glaube nicht. Obwohl … wer weiß das schon?«

Sie gingen etwas näher zu den beiden Frauen. Konrad strahlte. »Wie schön, dass wir zu Agnes geschickt wurden. Das ist eine wunderbare Aufgabe. Ich freue mich, dass sie Kontakt zu ihrer Nachbarin hat. Und, siehst du, sie scheinen sich gut zu verstehen. Ich wünsche den beiden, dass sie nicht nur rauchen und reden, sondern auch miteinander lachen können.«

In diesem Augenblick sprang der kleine Hund der Nachbarin im Garten mehrmals in die Luft auf der Jagd nach einem gelben Schmetterling. Aber er hatte keinen Erfolg und bellte stattdessen die Gartenstühle an. Als Agnes das sah, musste sie laut loslachen.

Konrad schmolz fast dahin. »Siehst du, sie hat bestimmt etwas von uns gefühlt, etwas Engelvertrauen. Und lacht sie nicht bezaubernd? Was für eine Frau!«

Viola sah ihn streng an. »Erwarte bloß nicht, dass wir gleich beim ersten Besuch Erfolg haben. Agnes ist bestimmt ein schwerer Fall, wenn sie uns gleich im Doppelpack zu ihr schicken.«

Jetzt ging Agnes ein paar Schritte näher zu ihrem Haus und rief laut: »Pia, hast du Lust, mit Marie und mir zum Fluss zu gehen? Da soll es heute Abend Musik geben!«

Zwei Stunden später gingen Agnes und Pia Arm in Arm zusammen mit der Nachbarin Richtung Fluss. Konrad sah zu Viola und lächelte zufrieden. »Ob es Agnes geholfen hat, dass wir an sie glauben?«

Viola blieb stehen und dachte nach. »So etwas kommt nur selten vor.« Sie blinzelte zu den drei Frauen und begann ebenfalls zu lächeln. »Na ja, das ist möglich. Hab ich schon immer gesagt.«

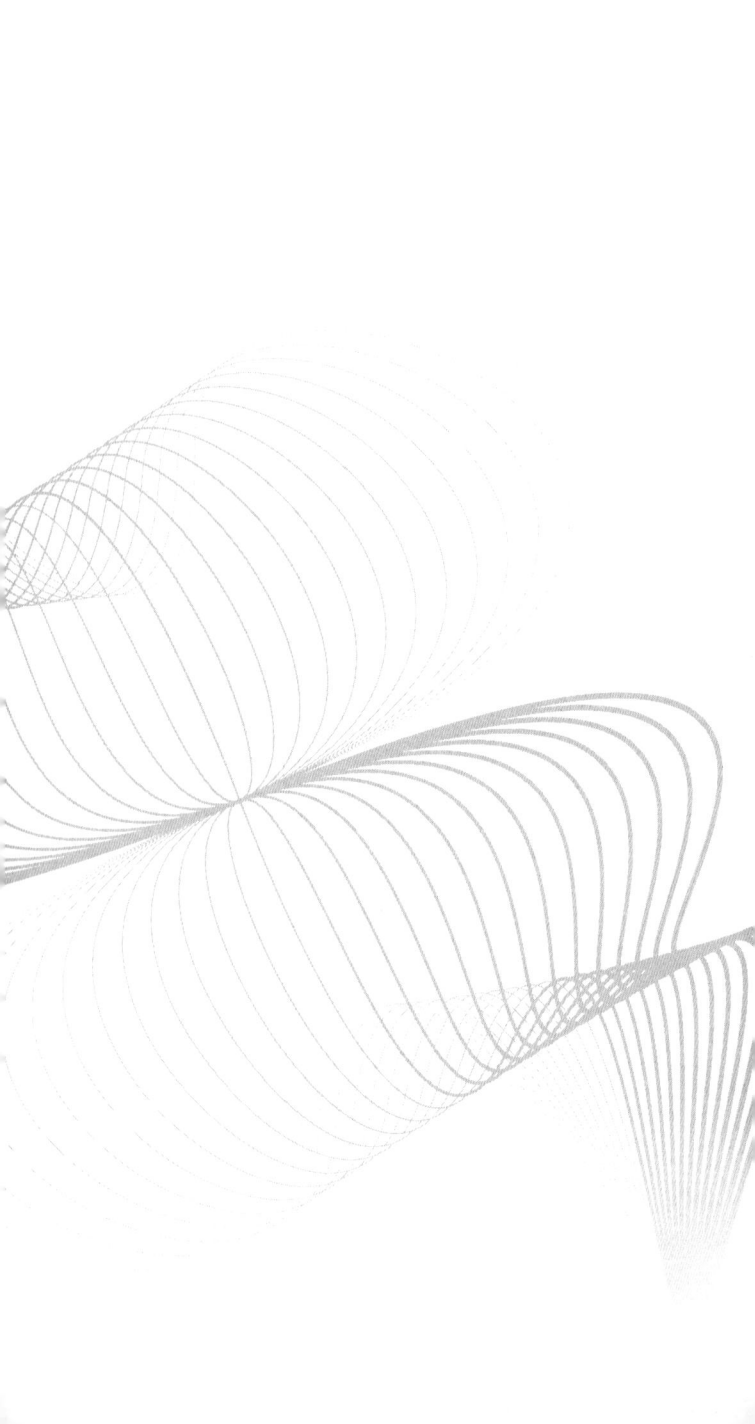

17.

Aufregung um Vincent

In den himmlischen Gefilden herrschte große Aufregung. Es ging um Vincent. Der war nicht wiederzuerkennen. Früher einmal hatte er begeistert im Chor gesungen – so schön wie ein Engel, flüsterten sich manche zu. Er hatte wunderbare Feste gefeiert, sich über die Schönheit der Natur gefreut, viel gelacht, sich für den Frieden eingesetzt und von der Goldenen Stadt geträumt.

Das alles war einmal. Heute saß er oft bis spät in die Nacht vor dem Bildschirm, kalkulierte, recherchierte und spekulierte, und zog sich immer mehr zurück. Gab es eine Möglichkeit seine Lebenslust zu reaktivieren? »Er ist selbst für sein Leben verantwortlich«, sagten einige der himmlischen Wesen, »wir sollten uns da nicht einmischen.«

Andere erinnerten an die wichtigste Aufgabe der Engel, die himmlischen Gaben so vielfältig wie möglich zu den Menschen zu bringen.

Schließlich wurde eine Entscheidung getroffen. »Da Vincent nur noch an seinen Zahlen und nichts sonst interessiert ist, schicken wir einen besonderen Engel zu ihm – den Engel der Sehnsucht. Vielleicht hört Vincent auf ihn.«

So kam es, dass Amani auf die Erde geschickt wurde. Sie hatte schon in vielen Menschen neue Sehnsucht geweckt. »Sehnsucht wonach?«, fragte sie sich, als sie Vincent zum ersten Mal begegnete – in einem abgedunkelten Raum vor dem Bildschirm.

Amani dachte zurück an frühere Aufträge. Die Menschen ohne Sehnsucht waren allesamt gefangen in ihrer eigenen kleinen Welt. Sie träumten nicht mehr von der Goldenen Stadt jenseits der Zeit und wussten nichts von der inneren Schönheit der Menschen.

Amani nahm sich Zeit, Vincent kennenzulernen, und wartete auf eine Möglichkeit, die Sehnsucht in ihm zu wecken. Sie erlebte mit, wie er sich immer weiter von seiner Familie entfremdete. Sie stand schockiert neben ihm, wenn er sein Essen in den Mund schob, ohne den Blick vom Bildschirm zu wenden. Manchmal flüsterte sie ihm gute, motivierende Gedanken zu – vergebens. Doch sie hoffte fest, irgendwann würde sich die Gelegenheit ergeben, Vincent wachzurütteln.

Eines späten Abends spürte sie, dass der Zeitpunkt gekommen war. Vincent verließ nach einem langen, anstrengenden Tag sein Büro und stieg ins Auto, um schnell nach Hause zu fahren. Es war eine herrliche, sternklare Nacht. Noch bemerkte Vincent nichts davon, sondern dachte nur an sein weiches Bett.

Auch die Versuche Amanis, ihn zum Anhalten und Aussteigen zu bewegen, nutzten nichts. Selbst der Gedankenblitz »Heute leuchten die Sterne besonders schön und besonders hell!« fruchtete nicht. Vincent war es gewohnt, solche Gedanken einfach abzuschütteln.

Da tat Amani etwas, was Engel nur in absoluten Notfällen tun dürfen. Sie griff kurz in den Ablauf der Geschichte ein. Das ging erstaunlich einfach: Der Motor stotterte kurz, dann wurde es still. Das Auto stand. Alle Versuche von Vincent, es neu zu starten, misslangen.

Verärgert stieg er aus dem Wagen und rief den Notdienst an. Nach einer Minute meldete sich jemand: »In Ordnung, wir kommen vorbei, aber frühestens in zwei Stunden.«

Vincent fluchte. Zwei verlorene Stunden lagen vor ihm. Er überlegte. Sollte er sich in den Wagen setzen und dort warten? Vielleicht könnte er sogar eine Mütze Schlaf nehmen.

Wie nebenbei blickte er zum Himmel. Er stutzte. Was war das? Schnell schloss er die Augen, um sich nicht von seinen Gedanken abbringen zu lassen. Doch dann schaute er wieder hinauf. Was er dort sah, überwältigte ihn. Es leuchtete und blinkte, als würde dort oben ein Schauspiel des Universums extra für ihn stattfinden.

Wie in Trance ging er ein paar Schritte vom Wagen weg, bis er an einen freien Platz kam. Kein Haus, kein Baum versperrten die Sicht nach oben.

Plötzlich kam sich Vincent wieder so vor wie damals, als er mit acht oder neun Jahren zum ersten Mal im Freien zeltete. Nachts war er heimlich aufgestanden und hinausgeschlichen. Was er dort gesehen hatte, war der Blick in eine zauberhafte Welt, in eine aufregende Zukunft und in ein Leben ohne Grenzen.

Ihm kamen die Tränen, als er spürte, was er später verloren hatte. Er blieb still stehen, staunte über das Wunder dort oben und das Wunder in ihm, machte ein paar Schritte, blieb wieder stehen und ging dann zügig weiter, als wollte er nie mehr aufhören zu gehen. Er spürte, dass er nicht allein war und dass er gerade etwas erlebte, was ihn für immer verändern würde. Schritt für Schritt ging er in sein neues Leben.

Über ihm leuchtete der Himmel und neben ihm tanzte ein überglücklicher Engel.

18.
Lauter gute Möglichkeiten

Sara hatte sich endlich wieder einmal Zeit genommen, um in der Innenstadt in aller Ruhe durch die Geschäfte zu bummeln. Nach zwei Stunden war ihr kleiner Einkaufszettel abgearbeitet und sie spürte deutlich ihre Füße. »Ab in mein Lieblingscafé!«, spornte sie sich selbst an. An der übernächsten Straßenecke lockte bereits der Schriftzug, der so sehr an Kaffee und Croissants erinnerte.

Sara betrat das Café und sah sich um. Enttäuscht stellte sie fest, dass alle Tische besetzt waren. Sollte sie einfach wieder gehen? Da entdeckte sie eine Frau, die allein an einem Tisch saß und sie freundlich anlächelte. Sara ging ein paar Schritte auf sie zu. »Entschuldigung, darf ich mich dazusetzen?«

Die Frau nickte. »Aber gern!«

Als Sara ihre Pakete und Taschen abgelegt und erleichtert Platz genommen hatte, sagte die Frau:

»Sie scheinen eine Pause zu brauchen. Mein Name ist Mia. Ich komme nicht von hier und bin zum ersten Mal in der Stadt.«

Schnell waren die beiden im Gespräch. Für Außenstehende sah es aus, als würden sie sich schon lange kennen. Dann wurden Saras Kaffee und ein Stück Käsekuchen gebracht. Köstlich!

Sara erzählte wie selbstverständlich aus ihrem Leben. Mia hörte aufmerksam zu, bis sie die Frage stellte: »Wenn du dein Leben betrachtest, was sind für dich die Höhepunkte?«

Sara sah sie belustigt an. »Die Höhepunkte?« Dann wurde sie ernst und überlegte. Es dauerte eine Zeit, bis sie antwortete. »Mir fallen spontan drei Bereiche ein. Die Nummer eins ist Jan, meine große Liebe. Es ist übrigens völlig verrückt, wie ich ihn kennengelernt habe.« Sie lachte und ihre Augen strahlten. »Das war auf einer Geburtstagsfeier in einer fremden Stadt. Ich weiß gar nicht mehr genau, wie ich da hineingeraten bin.«

Mia schmunzelte. »Das ist wunderschön. Herzlichen Glückwunsch! Jetzt bin ich gespannt auf deine Nummer zwei.«

Sara nahm einen großen Happen von ihrem Käsekuchen, verschluckte sich, hustete, lachte. »Ich liebe diese Kalorienbomben.«

Sie hustete noch einmal, dann erzählte sie weiter: »Jan und ich haben eine Firma. Da verkaufen wir handgefertigte italienische Kacheln. Das sind wahre Kunstwerke. Jeden Tag bin ich neu begeistert von meiner Arbeit.« Sie bewegte ihre Hände und Arme, als würde sie selbst in der italienischen Werkstatt beschäftigt sein. »Wir sind oft in Italien und lieben Kunsthandwerk. Vor Jahren haben wir einen Betrieb besichtigt, der besondere Kacheln herstellt. Wow, das hat uns geflasht!« Sie lachte und verschluckte sich wieder. »Irgendwie kamen wir mit der Chefin ins Gespräch und sie erzählte, dass die Vertretung in unserer Region demnächst frei wird. Dann nahm alles seinen Lauf.«

Mia lächelte wieder. »Ich freue mich für euch. Und jetzt erzähl von deiner Nummer drei.«

Sara bewegte sich kaum sichtbar auf dem Stuhl hin und her, als würde sie einer imaginären Melodie zuhören. »Ich liebe Musik. Seit drei Jahren singe ich im Chor. Das ist jedes Mal ein Stück Himmel für mich. Wir unternehmen sogar Tourneen und machen die Menschen glücklich mit unserer mitreißenden Musik.« Sie grinste. »Zumindest glaube ich das. Übrigens begann alles, als ich irgendwo durch ein geöffnetes Fenster wunderschöne Klänge gehört habe. Ich bin spontan hineingegangen, es war Chorprobe, und bin gleich geblieben.«

Mia nickte und ihre Augen leuchteten. »Das waren drei schöne Zufälle in deinem Leben. Dass wir uns hier im Café getroffen haben und gleich so gut verstehen, ist schon der nächste Zufall.«

Sara blickte ihr Gegenüber fragend an. »Meinst du?« Sie überlegte. »Wenn ich nachdenke, hast du sicher recht.«

Mia hakte nach: »Glaubst du eigentlich an Schicksal? Oder daran, dass manches im Leben viel mehr als Zufall ist?«

Sara schien nicht zu verstehen. »Wie meinst du das?«

Mia holte ein Blatt Papier aus ihrer Tasche. »Stell dir vor, die unsichtbare Welt würde dir regelmäßig Angebote auf deinen Weg legen, die du annehmen kannst oder auch nicht.«

Sara verstand immer noch nicht. »Die unsichtbare Welt? Meinst du die Engel, die an unserer Seite sind?«

Mia lächelte erleichtert. »Ja, zum Beispiel die Engel. Es gibt Augenblicke, in denen der Himmel die Erde berührt. Dann bekommst du eine Chance, die dein Leben verändern kann. Oder die Möglichkeit, etwas Besonderes zu erleben.«

Sara wurde rot im Gesicht. »Das hört sich spannend an. Meinst du, es gab schon viele Zufälle in meinem Leben?«

Mia nickte. »Kann ich mir vorstellen. Hier hab ich ein Blatt Papier, auf dem lauter Zufälle stehen. Magst du lesen?«

Sara nahm den Bogen. Auf der Vorderseite standen vier kurze Absätze, fein säuberlich von Hand geschrieben. Sie stutzte. »Da steht ja mein Name!«

Mia grinste. »Noch ein Zufall!«

Sara begann, langsam und deutlich vorzulesen: »Sara ist 19 Jahre alt, da trifft sie eine bekannte Autorin, die sie zu einer Veranstaltung einlädt.« Sie schüttelte den Kopf. »Mir ist so etwas leider nie passiert.« Sie überlegte, verzog kurz das Gesicht. »Vielleicht doch? Ich weiß nicht genau.«

Sie sah wieder auf das Blatt Papier. »Sara geht in ein Konzert. Jemand aus dem Publikum wird gesucht und eingeladen, auf die Bühne zu kommen.« Sie sah noch einmal auf die Zeilen. »So ähnlich ist es auch bei mir gewesen. Es ging um mein Lieblingslied. Ich hab mich damals nicht getraut.«

Sie las weiter: »Sara läuft an einem Filmplakat vorbei und blickt sofort in eine andere Richtung.« Sara schüttelte energisch den Kopf. »Ich blicke nie weg.«

Dann überflog sie den letzten Absatz. »Da steht etwas über eine Einladung zu einer Gartenparty.« Sie lächelte. »Ich bin leider nie zu einer Gartenparty eingeladen.«

Mia zeigte auf das Blatt Papier. »Magst du es umdrehen?«

In diesem Augenblick kam Anja vom Café. »Darf ich schon mal abkassieren? Ich habe gleich Feierabend.«

Sara kramte ihre Geldbörse heraus. Sie sah zu Mia: »Ich lade dich ein. Ich freue mich, wenn du unsere Begegnung und unsere Stadt in guter Erinnerung behältst.«

Es dauerte einen Augenblick, bis sie bezahlt hatte. Als sie wieder zu Mia blickte, war die verschwunden.

»Kommt bestimmt gleich wieder«, dachte Sara. Sie drehte schon einmal das Blatt Papier um. Da standen noch einmal vier kurze Absätze: »Sara fährt mit Freunden in eine fremde Stadt. Dort wird sie gefragt, ob sie Lust hat, mit zu einer Geburtstagsfeier zu kommen.«

Sara schluckte. Dann las sie weiter: »Sara kommt an einer Werkstatt in Italien vorbei. Am Eingang steht: Geöffnet!«

Sie holte ihr Taschentuch hervor und las weiter. »Sara hört Gesang aus einem geöffneten Fenster.«

Sie konnte nicht sofort weiterlesen. Sie ging zum Tresen und bat um ein Glas Leitungswasser, das sie in einem Zug austrank. Dann kam sie zurück und las den letzten Satz: »Sara trifft Mia, eine von uns.«

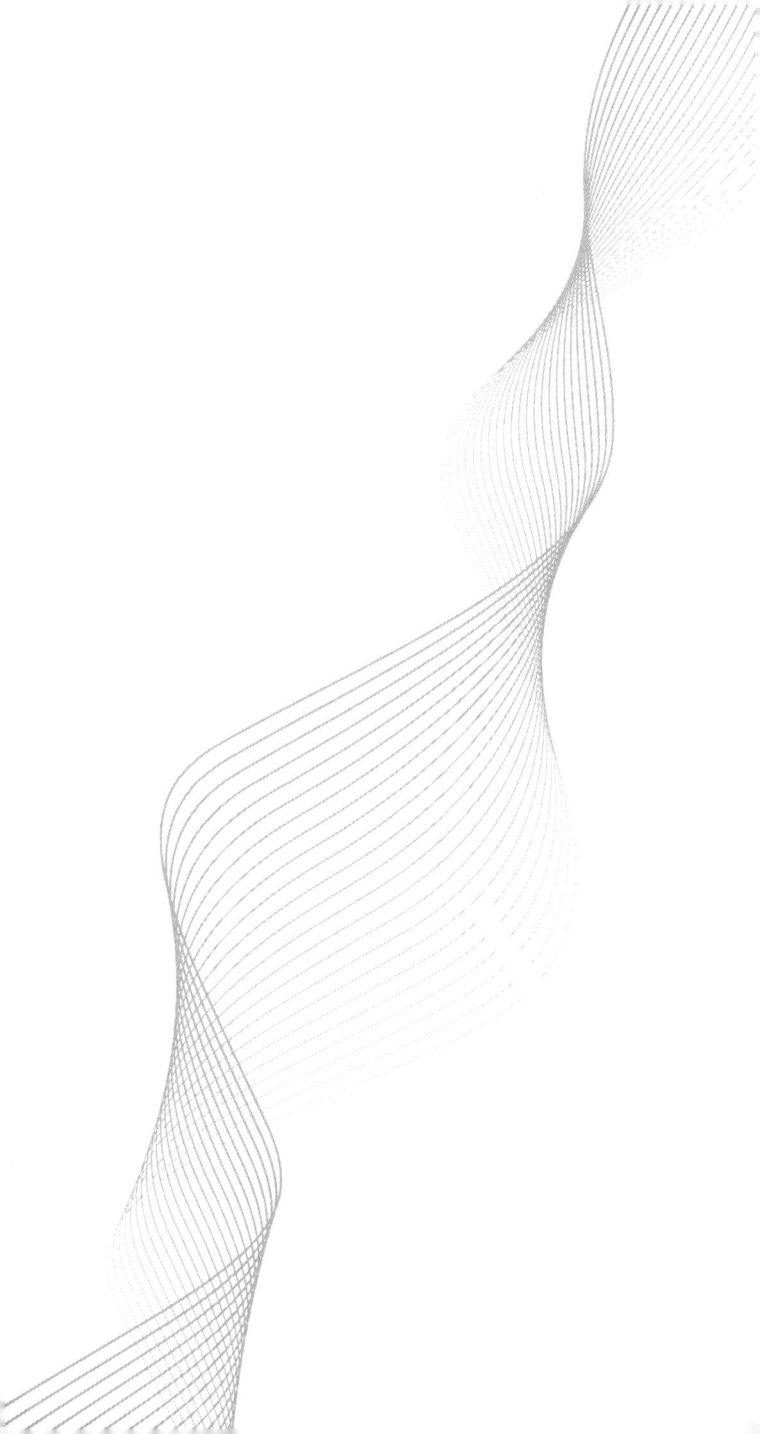

19.
Die Engelausstellung

Wer sollte die Ansprache zur Vernissage der Engelausstellung halten? Die Verantwortlichen waren sich schnell einig: Dafür kam natürlich nur Dr. Pollack infrage, der weit über die Region hinaus bekannte und anerkannte Kunsthistoriker.

Dr. Pollack musste nicht lange überlegen und sagte zu. Er stand immer gern vorne, um den Menschen die Kunst zu erklären – bei Führungen in alten Kirchen, in Museen oder in modernen Kunstgalerien.

Beim Wort »Engelausstellung« musste er allerdings schmunzeln. Er wunderte sich über die verbreitete Begeisterung für die himmlischen Wesen. Seine Sache war es nicht, dieser Engelkult. Dr. Pollack hielt Engel ausschließlich aus künstlerischen Gesichtspunkten für interessant.

Schon ein paar Tage vor der offiziellen Eröffnung der Ausstellung wurde er eingeladen, sich in der »Neuen Galerie« umzusehen. Schließlich wurde von ihm erwartet, dass er etwas zu den Exponaten und den dazugehörigen Künstlern und Künstlerinnen sagen konnte.

So schlenderte er in aller Ruhe durch die Ausstellung, in der immer noch geklebt, gehämmert und ins rechte Licht gerückt wurde. Die Vielfalt der ausgestellten Stücke erstaunte ihn. Da waren Bilder und Gemälde, die in unterschiedlichen Farben leuchteten. Es war oft das Licht, das im Vordergrund stand, nicht die Gestalt der Engel. Bei einigen Bildern waren nur Licht und Farbe zu sehen, alles andere blieb der Fantasie der Besucher überlassen.

Dr. Pollack spazierte weiter zu den Figuren, Statuen und Plastiken, die Engel mit und ohne Flügel zeigten. Bei einigen blieb er lange stehen, setzte seine Brille auf und betrachtete sorgfältig alle Einzelheiten.

Manche der Exponate waren so abstrakt, dass die Hinweisschilder der Fantasie auf die Sprünge helfen mussten: Im Licht. Die Hörende. Verkündigung. Wegweisung.

Natürlich gab es auch Engel, die »massentauglich« waren, wie Dr. Pollack es scherzhaft nannte. Mehrmals rollte er genervt mit den Augen. Besonders ein gläserner Engel, der ihn auf sonderbare

Weise anstrahlte, ärgerte ihn. »Viel zu lieblich«, war sein Urteil. Er ging schnell weiter und kam gleich wieder zurück. »Der Engel der Liebe« war da zu lesen. Dr. Pollack holte wieder seine Brille heraus. »Dieses Lächeln!« Er setzte sich auf einen der bereitstehenden Stühle.

In der Nacht vor der Eröffnung schlief er sehr unruhig. Immer wieder wachte er schweißgebadet auf und suchte nach seinem Redemanuskript. Es war noch da! Als er wieder einschlief, träumte er vom nächsten Tag. In der Galerie drängten sich die Menschen so sehr, dass er kaum noch atmen konnte. Immer mehr versuchten, von draußen hereinzukommen. Sein Manuskript hatte er im Gedränge längst verloren.

Plötzlich brach ein Feuer aus. Sofort entstand Panik. Alles war von Rauch eingehüllt. Dr. Pollack wusste in seiner Verzweiflung nicht, wie er zum Ausgang kommen sollte. Da streckte ihm jemand die Hand entgegen und strahlte ihn an. Dr. Pollack griff zu und wurde mit gewaltiger Kraft in einen Nebenraum gezogen, von dem aus er ins Freie gelangte. Hustend, von Ruß bedeckt und völlig erschöpft, stand er da – gerettet! In diesem Augenblick klingelte der Wecker.

Um elf Uhr begann die Ausstellung mit der Rede von Dr. Pollack. Er sah übermüdet und angespannt aus, sprach hölzern und las die Sätze fast monoton vom Manuskript ab. Es ging um Pinselstriche und Schnitzmesser, Glaskünstler und Bronzegüsse.

Dann stockte er, nahm die Brille ab und blickte zu den Gästen. Wer genau hinsah, konnte ein Lächeln um seine Mundwinkel entdecken. Er hatte sich vom Manuskript gelöst und sprach jetzt völlig frei: »Wenn Sie nachher durch die Ausstellung flanieren, werden Sie die unterschiedlichsten Engel sehen. Jeder Engel kann Ihnen eine Geschichte erzählen und – vielleicht – Ihr Herz berühren. Vielleicht finden Sie dabei Ihren Engel, der Ihnen das schenkt, was Sie gerade brauchen – Herausforderung, Geborgenheit, Liebe, Zuversicht oder Lebensfreude.«

Er machte eine kurze Pause, dann fuhr er leise fort, als wäre er in Gedanken: »Ich habe meinen Engel gefunden. Er ist aus Glas und kann wunderbar lächeln.«

20.
Jeder Mensch braucht einen Engel

Nora lag bereits im Bett, als die Mutter hereinkam, um ihr Gute Nacht zu sagen.

»Mama, Papa hat mir eben gesagt, dass ich sein kleiner Engel bin.«

Die Mutter nickte lächelnd. »Natürlich bist du unser Engel.«

Nora grinste zufrieden. Dann sah sie ihrer Mutter fest in die Augen. »Bitte, Mama, erzählst du mir noch einmal von den Engeln? Von den richtigen Engeln, meine ich.«

Die Mutter wusste, dass es jetzt wieder um das Lieblingsthema ihrer Tochter ging. »Es gibt Engel, die dich beschützen, das sind die Schutzengel. Dann gibt es noch die Engel, die dich begleiten.«

Nora fragte nach: »Und was tun die Engel, die mich begleiten?«

Die Mutter schmunzelte. Sie liebte die Neugier und die vielen Fragen ihrer Tochter. Dann dachte sie nach. »Ich weiß es auch nicht so genau. Vielleicht spielen sie mit dir und lächeln dich an. Oder sie umarmen dich, wenn du traurig bist.«

Nora ergriff fest die Hand der Mutter. »Dann sind die Engel ja genauso wie du?«

Jetzt lachte die Mutter, verschluckte sich dabei und hielt sich schnell die Hand vor den Mund. »Engel sind unsichtbar. Mich kannst du zum Glück sehen. Stell dir nur mal vor, ich wäre auch unsichtbar. Außerdem können Engel fliegen.«

Nora schien mit der Erklärung fürs Erste zufrieden zu sein. Dann blitzten ihre Augen. »Mama, hast du auch einen Engel? Mamas brauchen doch keinen Engel.«

Die Mutter schmunzelte wieder. »Und ob ich einen brauche! Jeder Mensch braucht einen Engel.«

Als sie wieder im Wohnzimmer war, setzte sie sich neben ihren Mann auf die Couch. »Also, Ben, du hast es geschafft. Nora war wieder bei ihrem Lieblingsthema.«

Er sah sie fragend an. »Was meinst du? Und was habe ich damit zu tun?«

Sie rutschte etwas näher zu ihm. »Du hast ihr gesagt, dass sie dein kleiner Engel ist.«

Jetzt verstand er und lächelte versonnen. »Da

musstest du sicher wieder viele Fragen beantworten, stimmts?«

Sie nickte. »Ich finde ja, du könntest auch mal mit ihr über solche Dinge sprechen.«

Er nahm sie in den Arm und gab ihr einen flüchtigen Kuss. »Ich finde, du machst das wunderbar. Da könnte ich gar nicht mithalten.«

Sie stieß ihm leicht in die Seite. »Du willst dich nur wieder drücken. Glaubst du überhaupt an Engel?«

Mit der Frage hatte er nicht gerechnet. »Wie, also, ich verstehe nicht, weshalb ist das wichtig?«

Sie gab nicht auf. »Ich glaube an Engel. Sonst könnte ich gar nicht vertrauenswürdig mit Nora darüber reden.«

Er lächelte, dann strahlte er sie an. »Mit zwei süßen Engeln im Haus kann ich doch gar nicht anders, als an Engel zu glauben.«

Sie gab sich Mühe, ihn streng anzublicken. »Das ist keine Antwort. Du drückst dich schon wieder.« Sie entspannte sich. »Nora glaubt fest an Engel – schon immer. Manchmal denke ich, dass sie von selbst darauf gekommen ist.«

Er sah sie an und sagte kein Wort.

»Vielleicht erinnert sie sich ja an eine Zeit, als

sie die Engel wirklich gesehen hat. Vielleicht konnte sie mit ihnen sprechen, bevor sie mit uns sprechen konnte. Ich finde sowieso, dass ganz kleine Kinder immer etwas Engelhaftes an sich haben.«

Ben stand abrupt auf und ging im Raum auf und ab. Dann blieb er stehen und sagte wie nebenbei: »Mir kommt es so vor, als würden Kinder aus einer anderen Welt zu uns herüberkommen. Sie brauchen Zeit, um sich hier zurechtzufinden. Vielleicht werden sie dabei von Engeln begleitet. Die sind doch auch aus einer anderen Welt.«

Sie stand jetzt auch auf und ging zu ihm. »So etwas habe ich noch nie von dir gehört. Du überraschst mich immer wieder.«

Er nahm sie zärtlich in den Arm. »Was wäre das Leben ohne Überraschungen. Und ohne Liebe.« Er sah sie lange an. »Die Liebe kommt doch auch irgendwie aus einer anderen Welt, oder?«

21.
Eddie und die sieben Engel

Eddie kam jeden Tag zu Ritas kleinem Kiosk in der Rathausstraße. Dort bestellte er mit einem breiten Lächeln »ein Brötchen, trocken, als Reiseproviant«.

Rita überreichte es ihm schmunzelnd, dann fragte sie stets nach mit einem extra strengen Blick: »Eddie, denkst du auch an die Vitamine?«, woraufhin er einen großen Apfel aus seiner Tasche fingerte, ihn stolz zeigte und glucksend antwortete: »Än Äppel am Day keeps den Doktor away.« Dann schüttete er sich aus vor Lachen und setzte seine Rundreise durch die kleine Stadt fort. Dabei hielt er sich unsicher am Gehwagen fest und versuchte lachend, nicht aus der Bahn zu geraten.

Manchmal sah Rita, wie an der Kreuzung Frau Dr. Brezelius auf ihn zuschoss und ihn mit lauter freundlichen Worten überhäufte. Sie sah es als ihre Aufgabe an, Eddie das Gefühl zu geben, dass er von den Menschen in der Stadt akzeptiert wurde. Er lächelte ihr dann zu, so fröhlich wie immer, und versuchte, eine Hand zum Gruß zu heben.

Auch Emma Luise sorgte für Eddie, wenn sie ihn auf seinem Rundgang erspähte. Es kam vor, dass sie bereits ungeduldig auf ihn wartete, wenn er sich verspätet hatte. Sie musste ihm stets viel aus ihrem langen Leben erzählen, wobei er leicht schwankend weiterging und Emma Luise übermütig zulächelte.

Günter, der Postbote, blieb selbstverständlich stehen, wenn er Eddie erblickte. Das war für ihn Ehrensache. Dann sah er in seiner großen Posttasche nach, ob etwas für Eddie dabei wäre. War natürlich nicht, aber das spielte keine Rolle. Eddie gluckste vor Freude und der Tag des Postboten war gerettet.

Erdmute hatte immer ein kleines Geschenk dabei. Sie liebte es, Eddie eine Kleinigkeit mitzugeben, mal eine bunte Fotokarte mit einem guten Spruch, dann wieder ein Stück Schokolade oder ein Probefläschchen aus der Drogerie. »Er ist immer so dankbar und fröhlich«, sagte sie allen, »dabei ist er so ein armer Mensch.«

Oft wartete auch Frau Liebeneiner auf ihn. Sie saß dann auf der Bank zwischen dem Optiker und der Weinhandlung. Sie brauchte selbst eine Gehhilfe – »das ist ein Rollator der neusten Generation« – und war stets edel gekleidet. »Mitleid ist das Erkennungszeichen der Menschen mit einem großen Herz«, lautete ihr Wahlspruch. Besonders viel von ihrem großen Herzen bekam Eddie ab. »So ein freundlicher Mensch, trotz allem«, erzählte sie ihren Freundinnen.

Herr Wolkenhauer trug ein goldenes Kettchen und eine sündhaft teure Armbanduhr. Für ihn war es seine tägliche »gute Tat«, wenn er Eddie wie einen alten Freund begrüßte und ihm die neusten Aktienkurse aufsagte. Herr Wolkenhauer fühlte sich nach jeder Begegnung mit Eddie »geerdet«, wie er es nannte. »Ich komme ja selbst aus einfachen Verhältnissen«, sagte er mal zu Eddie, »sag einfach John zu mir!« Der sah ihn mit großen Augen an, grinste und nickte. »Danke, Herr Wolkenhauer!«

Irgendwann im Juli war wieder einmal Saure-Gurken-Zeit bei der örtlichen Tageszeitung. So machte sich der Redakteur auf die Suche nach einem interessanten Thema. Rita vom Kiosk, die immer über alles im Ort Bescheid wusste, brachte ihn auf die richtige Fährte: »Schreib doch mal was über Eddie!«

Der Redakteur war begeistert. »Du meinst den freundlichen Sonderling, der jeden Tag unterwegs ist und den die ganze Stadt liebt?«

Rita erzählte von Frau Dr. Brezelius, von Emma Luise, von Günter, dem Postboten, Erdmute, Frau Liebeneiner auf der Bank und Herrn Wolkenhauer. »Sie gehören zu den vielen, die sich regelmäßig um Eddie kümmern.«

Der Redakteur zählte, kam auf sechs und fügte einfach noch Rita hinzu: »Sieben!« So entstand der meistgelesene Artikel des ganzen Sommers mit der Überschrift: »Eddie und die sieben Engel.« Die Stadt, so wurde deutlich gezeigt, liebte Eddie und sein Lachen.

Eines Tages, es war längst Herbst, wartete Rita vergebens auf ihren Stammkunden. Auch Frau Dr. Brezelius wunderte sich, Emma Luise, genauso wie der Postbote, Erdmute, die heute einen besonders schönen Spruch ausgesucht hatte, Frau Liebeneiner und Herr Wolkenhauer. Am nächsten Tag sprach es sich herum: Eddie hatte Abschied nehmen müssen von dieser Welt. Er lag friedlich zu Hause im Bett mit einem breiten Lächeln. Die ganze Stadt trauerte.

Der Redakteur kam zu Rita, weil er einen Nachruf verfassen wollte. »Die sieben Engel sind traurig. Wäre das eine gute Überschrift?«, fragte er begeistert. Sie sah ihn mit geröteten Augen an. »Die sieben Engel müssen unsichtbar gewesen sein. Ich habe immer nur einen gesehen.«

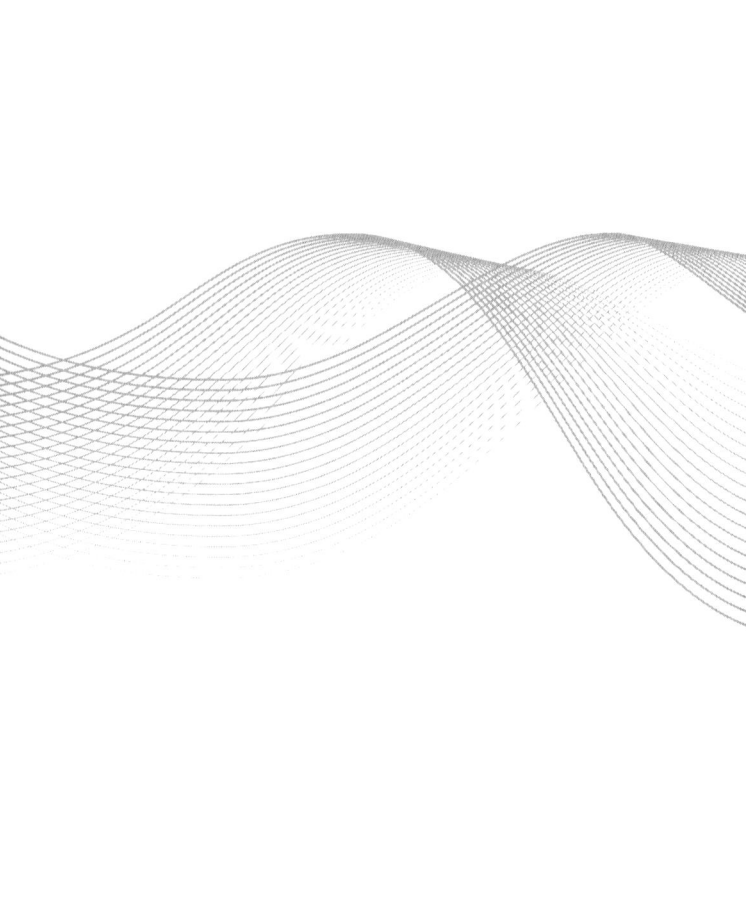

22.
Erzähl mir eine Engelgeschichte

Melitta wohnte seit vielen Jahren im ersten Stock eines Mehrfamilienhauses in der Neustadt, einen knappen Kilometer vom Hauptbahnhof entfernt. Ihre Wohnung verließ sie nur dann, wenn ihre Tochter viel Zeit hatte, die Mutter nach draußen zu begleiten. Melitta konnte nur noch schwach Hell und Dunkel unterscheiden – ihre Sehfähigkeit hatte sie nach und nach verloren.

Meistens war Melitta allein. Einmal am Tag kam der Pflegedienst, zweimal die Woche eine Haushaltshilfe. Und ab und zu ihre Tochter, die in einer anderen Stadt lebte.

Eines Tages zog Loreen in die neu vermietete Wohnung im ersten Stock, direkt gegenüber von Melitta. Schon bald wunderte sie sich, dass sie ihre Nachbarin nie zu Gesicht bekam. Sie nahm all ihren Mut zusammen und klingelte zaghaft an der

Wohnungstür. Es dauerte lange und Loreen wollte schon wieder umkehren, da hörte sie Geräusche aus der Wohnung. Etwas später klang es gedämpft heraus: »Wer ist da?«

Loreen fand plötzlich, ihr Kontaktversuch sei eine dumme Idee gewesen, dennoch antwortete sie laut und deutlich: »Ich bin Ihre neue Nachbarin. Wir wohnen Tür an Tür und ich wollte mich nur kurz vorstellen.«

Die Tür ging auf. Loreen erblickte eine freundlich lächelnde, ältere Dame mit fast weißem Haar. »Es tut mir leid, ich kann Sie nicht sehen. Aber ich freue mich, wenn Sie hereinkommen.«

Loreen folgte der Nachbarin. Es waren erstaunlich wenig Möbel in der Wohnung. »Meine Tochter hat irgendwann alles abholen lassen, was im Weg stand.« Sie deutete auf den Boden. »Vor allem die Teppiche, über die ich ständig gestolpert bin. Setzen Sie sich doch bitte hier auf den rechten Stuhl.«

Melitta ging in die Küche. »Mögen Sie einen Tee?«

Loreen zögerte erst, dann rief sie: »Ja, gern! Kann ich Ihnen helfen?«

Melitta hantierte geschickt mit ihren Küchenutensilien. »Danke, das ist nicht nötig. Bei mir hat alles genau seinen Platz. Ich bin so froh, dass ich mich noch allein versorgen kann.« Sie machte eine Pause. Dann lachte sie. »So gut es eben geht. Das ist nicht immer einfach.«

Bald saßen sie zusammen am Wohnzimmertisch, tranken Tee und plauderten angeregt. Schnell stellten sie fest, dass sie auf ähnliche Weise tickten und sich ausgezeichnet verstanden. Die Stunden vergingen und irgendwann kamen sie auf »alte Zeiten« zu sprechen. Loreen erzählte von ihren beiden Kindern. »Ich liebte es, ihnen abends Geschichten zu erzählen, die ich mir selbst ausgedacht hatte. Am liebsten hörten sie …«, sie atmete tief ein und aus, »am liebsten mochten sie Engelgeschichten. Wie sehr vermisse ich es, Geschichten zu erzählen!«

Melitta war plötzlich ganz aufgeregt. »Ich liebe Engelgeschichten.« Sie überlegte kurz, dann lächelte sie. »Ich hätte da mal eine Frage.« Sie zitterte ein wenig. »Wie wäre es, wenn wir uns nächste Woche wieder treffen? Mit einer Engelgeschichte?«

Loreen strahlte und schon war das Wiedersehen abgemacht. Als sie sich voneinander verabschiedeten, waren die beiden Nachbarinnen längst ein Herz und eine Seele.

Eine Woche später klingelte Loreen wieder bei der Wohnung gegenüber. Dieses Mal war sie nicht so zaghaft und unsicher wie beim ersten Mal. Als Melitta die Tür öffnete, strahlten sich die Nachbarinnen an und fielen sich in die Arme. »Schön, dass du gekommen bist!«, sagte Melitta. »Ich habe mich die ganze Woche darauf gefreut.«

Der Tee stand schon bereit und beide machten es sich gemütlich. Dann begann Loreen: »Ich erzähle dir die Geschichte vom Engel Tobias. Er hatte den Sonderauftrag von ganz oben, einsame Menschen zu finden und ihnen eine Freude zu bereiten.«

Loreens Wangen glühten. Sie fühlte sich zurückversetzt in die Zeit, als ihre Kinder noch klein waren und sie die eigene besondere Gabe entdeckt hatte, berührende Geschichten zu erzählen. »Tobias begegnete vielen Menschen, die angeregt miteinander sprachen oder diskutierten, die Hand in Hand spazieren gingen oder übermütig lachten und spielten. Aber immer wieder sah er auch, wie jemand traurig und allein in einer Ecke saß und keine Freude am Leben hatte. Eines Tages entdeckte er ein kleines Kind, das weinend vor einem alten, einfachen Haus saß. Der Engel kam näher und stellte fest, dass beide Eltern arbeiten mussten und keine Zeit für das Kind hatten.«

Melitta saß still da und hörte fasziniert zu.

»In der Nähe des Kindes döste eine Katze in der Sonne. Tobias flüsterte ihr etwas ins Ohr und sofort lief sie zum Kind, schnurrte leise und streifte vorsichtig seine Beine. Da hörte das Kleine auf zu weinen, wischte sich die Tränen aus den Augen und blickte zur Katze. Dann stand es auf und Augenblicke später tobten beide fröhlich herum.«

Melitta wandte sich fragend in die Richtung von Loreen. »Und wie gehts weiter?«

Loreen lächelte. »Die Geschichte braucht Zeit, um zu wachsen. Nächste Woche gibt es die Fortsetzung.«

Wieder wartete Melitta eine Woche lang voller Vorfreude auf den Besuch und die Geschichte. Dann klingelte es an der Tür und Loreen kam, um die Engelgeschichte fortzusetzen.

»Das kleine Kind hatte mit der Katze nicht nur eine neue Freundin gefunden, es entdeckte auch bunte Schmetterlinge und ein Eichhörnchen, kleine und große Vögel und den zutraulichen Hund der Nachbarn.«

Melitta lächelte zufrieden. »Da hat der Engel ja auf wunderbare Weise die Augen des Kindes für das große, bunte Leben geöffnet. Jetzt fehlt nur noch ein menschlicher Spielkamerad für das Kind.«

Loreen trank einen Schluck Tee, der immer noch warm war. Es tat ihrer Stimme gut. »Dann zog Tobias weiter und entdeckte in einem anderen Dorf wieder einen einsamen Menschen: den alten Jakob, der allein in seiner Hütte am Rand des Dorfes wohnte. Er hatte sich völlig zurückgezogen, als seine Frau gestorben war. Das war schon Jahre her. Heute traute er sich kaum noch aus dem Haus. Doch die Einsamkeit war schwer zu ertragen.«

Melitta hörte so gespannt zu, als würde sie den alten Jakob gut verstehen können. »Gibt es Hoffnung für ihn?«

Loreen nickte. »Tobias entschied sich für ein kleines Engelkunststück. Er schrieb einen Brief an Jakob mit einer richtigen Briefmarke darauf. Am nächsten Tag kam der Briefträger und überraschte Jakob. Seit langer Zeit hatte er keine Post bekommen. Er lud den Postboten ein, ein Glas Wasser zu trinken. Der prostete dem Alten dankbar zu.«

»Stell dir vor, seit diesem Tag kam der Postbote fast an jedem Tag vorbei, sprach ein paar Worte mit Jakob und trank ein Glas kühles, frisches Wasser.«

Loreen stand auf. »So, das wars für dieses Mal. Nächste Woche geht es weiter.«

Beim nächsten Treffen war es Melitta, die etwas zu erzählen hatte. Sie war völlig aufgeregt. »Loreen, stell dir vor …« Sie musste eine Pause machen. »Stell dir vor, ich habe den Engel gesehen!«

Loreen sah sie mit großen Augen an. »Welchen Engel hast du gesehen? Doch nicht etwa Tobias aus der Engelgeschichte?«

Melitta nickte. »Doch, doch, es könnte Tobias gewesen sein. Auf jeden Fall war es ein Engel.«

Loreen hakte noch einmal nach: »Aber du kannst doch gar nicht sehen.«

Melitta schmunzelte, als würde sie ein Geheimnis verraten. »Stell dir vor, der Engel kam zu mir und plötzlich ist das Glück in mein Leben zurückgekehrt.«

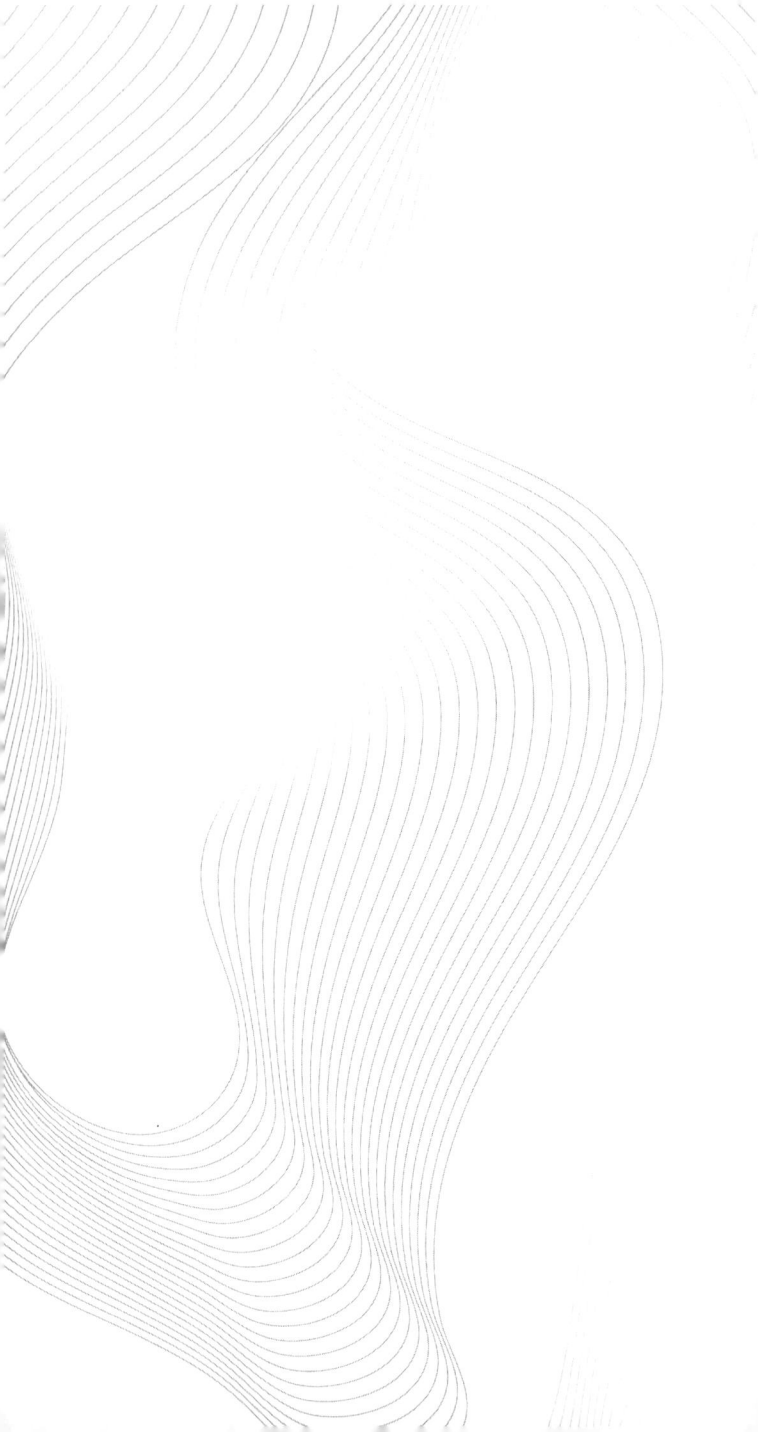

23.
Der kleine Engelladen

Es war ein Paradies für Engelliebhaber. Seit 22 Jahren bot Bartholomäus dort Engel an, in jeder Größe und in unterschiedlichen Ausführungen. Es gab kleine Engel aus Bronze und große, bunt bemalte aus der Holzwerkstatt, Glasengel und Engel aus Stoff und Papier. Außerdem verkaufte er Engelbilder und Engelkerzen und Engelbücher. Wer Engel sucht, der wird hier fündig, so erzählte man.

Schon das Schaufenster zeigte eine große Auswahl an faszinierenden Figuren und Gestalten und lud damit ein hereinzukommen. Etwas Kraft und Schwung waren notwendig, um die alte Ladentür zu öffnen. Dabei erklang eine kleine Melodie, die an Weihnachten erinnerte, und schon öffnete sich eine neue, verzauberte Welt.

Wer einmal in dem Engelladen war, erinnerte sich für den Rest seines Lebens an eine Atmosphäre, die kaum zu beschreiben war. Ein Hauch Sehnsucht war dort zu spüren, verbunden mit dem wunderbaren Gefühl, hier zu Hause zu sein, selbst beim allerersten Besuch. Der süße Geschmack von Zeitlosigkeit verband sich mit der tiefen Erfahrung, von Liebe umgeben zu sein.

Nachmittags kam noch der exotische Geruch von Kaffee und Zimt hinzu, wenn Bartholomäus sich in die kleine Sitzecke zurückzog und seine Zimtschnecke genoss. Wer dann gerade im Laden war, wurde eingeladen, sich dazuzusetzen – solange der Vorrat reichte.

Viele seiner Stammkunden erzählten wundersame Geschichten der Engel, die sie vor langer oder kurzer Zeit in dem Laden erstanden hatten. Ein Wunder reihte sich an das andere. Manche Engel konnten Menschen zusammenführen, die sich zerstritten hatten. Einige heilten schwere Krankheiten oder boten Schutz vor bösen Anfechtungen. Es gab nichts, was die Engel aus seinem Laden nicht schon auf wundersame Weise erreicht hatten. Wenn Bartholomäus solche Geschichten hörte, dann lächelte er und zwinkerte liebevoll mit den Augen.

Eines Tages kam Charlotte in den Laden. Für sie gehörte ein Besuch im Paradies der Engelliebhaber stets dazu, wenn sie in die große Stadt kam. Bartholomäus sah sofort, dass sie heute völlig aufgeregt war. »Charlotte, was ist los mit dir?«

Sie sprach schneller als sonst: »Ich muss nachher ins Krankenhaus, eine alte Freundin besuchen. Sie braucht dringend ein Wunder.«

Bartholomäus sah sie fragend an. »Wie meinst du das?«

Ihre Blicke gingen hektisch zu den Regalen, in denen die besonders kleinen Engel aufgereiht waren. »Welchen würdest du mir empfehlen? Ist einer dabei, der Wunder tut?«

Er lächelte, wie so oft. »Du willst eine Garantie haben? Die kann dir niemand geben.«

Sie gab nicht auf. »Hast du vielleicht einen Pocket Angel? Davon habe ich schon erstaunliche Dinge gehört.«

Bartholomäus wusste, was sie meinte, und griff in eins der Regale. »Hier, da ist so einer.« Er gab ihr etwas, das aussah wie eine Münze, auf die erhaben ein geflügelter Engel geprägt war. »Wir nennen ihn den Silbernen Taschenengel. Den kannst du lange in der Hand halten oder ihn in die Tasche stecken.«

Sie sah ihn streng an. »Ist der wenigstens gesegnet?«

Bartholomäus lächelte wieder. »Natürlich ist der

gesegnet.« Er wartete einen Moment, bevor er fortfuhr. »Ich segne alles, jeden Tag. Vor allem segne ich meine Gäste.«

Sie war mit der Antwort nicht zufrieden. »Du? Wie sonderbar!« Dann fragte sie nach: »Was bewirkt der Pocket Angel überhaupt?«

Er stand auf. »Es ist noch nicht Zeit für meinen Nachmittagskaffee. Deshalb brühe ich jetzt mal einen Tee für uns beide auf.«

Etwas später saßen sie in der kleinen Sitzecke und tranken den köstlichen Tee. Wieder zeigte Bartholomäus sein Lächeln, das niemand so recht zu deuten wusste. »Wenn du hier im Engelladen bist, was fühlst du dann?«

Charlotte dachte nach, dann hellte sich ihre Miene auf. »Hier ist es so anders. Manchmal komme ich nur, um meine schlechte Laune loszuwerden. Ich fühle mich von Engeln umgeben.«

Bartholomäus lächelte. »Von welchen Engeln?«

Sie verstand nicht. Dann zeigte sie mit einer ausladenden Handbewegung in alle Richtungen. »Na, von den Engeln, die hier überall stehen.«

Er deutete ein Kopfschütteln an, lächelte aber gleich wieder. »Wenn deine Freundin im Krankenhaus den Pocket Angel in ihrer verschwitzten Hand hält, dann ist es nicht diese kleine Engelmünze, die ihr Geborgenheit schenkt.« Er summte eine Melodie und flüsterte: »Von guten Mächten wunderbar geborgen ...« Seine Augen leuchteten. »Mit dem Taschenengel lädt deine Freundin die himmlischen Wesen ein, bei ihr zu sein.«

Charlotte nickte. »Von Engeln umgeben, das werde ich ihr nachher sagen.« Sie stand auf. »Und jetzt erzähl mir noch das Geheimnis des Engelladens. Warum ist es hier so anders als ...«, sie stockte, »so anders als draußen?«

Wieder lächelte Bartholomäus, und sein Lächeln steckte sie sofort an. »Hier sind die Engel willkommen. Jeden Tag lade ich sie ein, mich und meine Gäste mit Liebe zu überschütten. Und stell dir vor – sie tun es wirklich.«

24.

Der Liebesbrief

Seit drei Jahren studierte Marie schon in der großen Stadt, die so weit entfernt war vom Ort ihrer Kindheit. Es hatte lange gedauert – aber inzwischen fühlte sie sich dort angekommen. Sehnsucht nach dem alten Leben hatte sie nicht mehr, außer nach den Eltern, dem Bruder und ihrer geliebten Oma. Und nach den Mädels und Jungs aus der Schule. Aber die waren inzwischen ja auch längst erwachsen.

Regelmäßigen Kontakt hatte sie noch zu Kira. Wenn Marie ihre Familie besuchte, schaute sie stets auch bei Kira vorbei, die immer noch zu Hause lebte.

Jetzt war es endlich an der Zeit, dass auch Kira mal in die große Stadt kam. Das hatte sie bisher erst einmal getan, als sie Marie vor drei Jahren beim Umzug geholfen hatte.

»Wie schön, dass du da bist!«, rief Marie, als Kira vor der Tür des Wohnheims stand. Sofort lagen sie sich in den Armen und wollten sich gar nicht wieder loslassen. »Wann haben wir uns zum letzten Mal gesehen?«

Kira überlegte kurz. »Das muss mindestens ein halbes Jahr her sein. Dein Vater hatte seinen runden Geburtstag gefeiert und du hast dafür gesorgt, dass ich mitfeiern durfte.«

»Jetzt komm doch erst einmal herein in meine Bude. Du hast sie ja noch gar nicht fertig eingerichtet gesehen.«

Kira trat ein und sah sich um. »Nett. Sehr überschaubar, deine Behausung.«

Marie lachte. »Sind nur elf Quadratmeter, aber für mich reicht es. Ich bin ja oft in der Uni und jetzt im Sommer verbringe ich meine Zeit am liebsten draußen auf der Liegewiese oder am Kanal.«

Als Kira vor dem Schreibtisch der Freundin stand, stutzte sie. »Du hast einen Engel? Das finde ich aber süß.«

Marie strahlte. »Den habe ich von meiner Oma. Sie hat ihn mir geschenkt, als ich zu Hause auszog. Als sie ihn mir gab, sagte sie traurig fröhlich: ›Den habe ich geschenkt bekommen, als ich noch zur

Schule ging. Das ist lange her. Er soll dich begleiten und dich immer daran erinnern, dass du eine Oma hast, die dich liebt.‹«

Kira nahm den kleinen Engel vorsichtig in die Hand. »Aus Holz. Die Farbe ist aber schon ziemlich abgeblättert. Vielleicht lässt du dir mal einen neuen schenken. Meine Mutter hat einen Glasengel, der auf einem Glassockel schwebt. Total edel und abgefahren!«

Marie blickte sie entsetzt an. »Ich brauch doch keinen neuen Engel. Den würde ich nie hergeben.« Sie sah Kira in die Augen. »Das ist wie bei einer guten Freundin. Die tauscht man auch nicht aus.«

Kira nahm Marie in den Arm. »Das tut mir leid. Ich wusste nicht, dass er dir so viel bedeutet.«

Marie lächelte wieder. »An jedem Morgen setze ich mich kurz vor meinen Engel. Dann denke ich an Oma und an die Engel, die an meiner Seite sind.«

Kira legte den Engel zurück auf den Schreibtisch. »Daran glaubst du wirklich?«

Marie nickte. »Ja, irgendwie schon. Der kleine Engel ist für mich eine Art liebevolles Versprechen, dass sie da sind.«

»Bevor wir losziehen, um unser Wiedersehen zu feiern«, Kira sah sich suchend im Zimmer um,

»was macht eigentlich die Liebe? Gibt es jemanden in deinem Leben?«

Marie wurde rot. Sie sah kurz zu Boden, dann rückte sie heraus: »Ja, ich habe ihn an der Uni kennengelernt. Es hat sich langsam entwickelt, bis wir beide wussten, dass es uns erwischt hat.«

Kira grinste. »Sehen wir ihn heute noch?«

Marie schüttelte den Kopf. »Vor ein paar Wochen hat sein Auslandssemester begonnen. Jetzt telefonieren wir fast jeden Tag.«

Kira grinste immer noch. »Ich hab es doch gewusst. Und du bist dir sicher, dass ... also dass er auch ...?«

Marie öffnete die Schublade vom Schreibtisch. »Hier, habe ich vor ein paar Tagen bekommen. Einen richtigen Liebesbrief, so wie in alten Zeiten.«

Als sie die Zimmertür öffneten, um hinauszugehen und zu feiern, drehte sich Kira noch einmal um. »Jetzt kommt es mir vor, als würde dein Zimmer hell strahlen. Ein Liebesbrief für Marie!«

Plötzlich war es Marie, die strahlte. Sie zeigte noch einmal auf den Engel mit der abgeblätterten Farbe und sagte feierlich: »Wieso *ein* Liebesbrief? Ich sehe zwei!«

25.

Die Abstimmung

Wieder wurde ein Kurs »Engel in Ausbildung« in der Engelakademie angekündigt. 42 Engel, so viele wie selten, waren auserwählt worden, in die Geheimnisse der Menschen eingeführt zu werden, die auf der kleinen Blauen Kugel draußen im All leben. Einer der auserwählten Engel war Ignaz. Seit Tagen war er völlig aufgeregt.

»Die Menschen sind so ähnlich wie die Engel«, hatte er bisher immer wieder gehört, »nur sehr zerbrechlich. Und die meisten Probleme, die sie haben, machen sie sich selbst.« Jetzt war er gespannt, mehr über sie zu erfahren. Sein Herz, das spürte er deutlich, schlug schon lange für die Menschen.

Andreas war der Leiter des Kurses. Er galt als äußerst erfahrener Engel, der schon viel Zeit auf der Blauen Kugel verbracht hatte.

Nicht nur Ignaz war aufgeregt, sondern auch all die anderen, die sich auf ihren Einsatz freuten. Sie liefen und flogen aufgeregt durcheinander, als sie sich in der Goldenen Stadt versammelten. »Auf gehts!«, rief Andreas und winkte, ihm zu folgen.

Im nächsten Moment waren sie bereits auf der Erde angekommen. Sie versammelten sich am Ufer eines breiten, trübe dahindümpelnden Flusses. Auf der Oberfläche trieben jede Menge tote Fische und Plastikverpackungen. »Wie kommt das?«, fragte jemand. »So hatte ich mir die Flüsse auf der Blauen Kugel nicht vorgestellt.«

Ein anderer Engel rief enttäuscht: »Ich habe immer gehört, dass die Schöpfung sehr gut ist!«

Andreas zeigte mit ernster Miene auf den dunklen Fluss. »Die Schöpfung war gut, das stimmt. Aber die Menschen gehen damit fahrlässig und lieblos um. Sie leiten ihre Abfälle in den Fluss, bis alles Leben darin zerstört ist.«

Alle blickten betroffen zum leidenden Fluss. Andreas erhob die Stimme: »Jetzt wüsste ich gern von euch, ob ihr glaubt, dass der Fluss sich wieder erholen kann und dass eines Tages wieder Fische darin schwimmen.«

Die Engel riefen durcheinander. »Niemals!«, »Vielleicht!«, »Keine Ahnung!«

Andreas hob beide Flügel und bat um Ruhe. »Ich lasse euch jetzt abstimmen. Wer daran glaubt, dass der Fluss sich erholen kann, stimmt mit Ja.« Ignaz blickte sich um. Wie die Abstimmung wohl ausgehen würde?

Andreas zählte die Ja- und die Neinstimmen. Dann verkündete er das Ergebnis: »Genau die Hälfte hat für Ja gestimmt, die anderen 21 für Nein. Also bleibt die Frage erst einmal offen, ob der Fluss noch eine Chance hat.«

Andreas gab den versammelten Engeln ein Zeichen zum Aufbruch. »Es geht weiter. Gleich werde ich euch Waldemar vorstellen.« Wieder dauerte es nur einen kurzen Moment, bis sie ihr Ziel erreicht hatten. Mitten in einer großen Stadt erhob sich eine alte Brücke mit kunstvoll geschmiedetem Geländer über einen Kanal, der 100 Meter weiter in einen kleinen See mündete.

Unter der Brücke saßen drei Männer und zwei Frauen, die ihre leeren Augen in die Ferne gerichtet hatten. Für den Kanal und den See und den kleinen Park nebenan hatten sie keinen Blick.

Ein Engel rief begeistert: »Was für ein romantischer Platz, um die Freizeit zu genießen! Bestimmt wohnen die fünf hier in der Nachbarschaft, oder?«

Andreas schüttelte den Kopf. »Nicht in der Nachbarschaft, sie wohnen hier, direkt unter der Brücke. Der Zweite von links, das ist Waldemar, seht ihr?«

Die Engel kamen näher. »Früher einmal lebte Waldemar in einer richtigen Wohnung, zusammen mit einer Frau. Die muss er wohl einmal geliebt haben. Irgendwann gefiel ihm sein Job nicht mehr und er blieb zu Hause. Dort gab es ständig Streit – über das Geld, die beiden kleinen Kinder, die Unordnung und seine Drogensucht. Er zog sich von allem zurück, sie aß zu viel. Als das Jugendamt unter Polizeischutz die beiden Kinder abholte und in Obhut nahm, rastete Waldemar aus und griff die Polizisten an. Er musste sechs Monate ins Gefängnis und zog direkt von dort unter die Brücke.«

Einige Engel gingen noch näher zu Waldemar. »Er sieht nicht gut aus. Seine Augen sind so leer. Er hat eine Flasche in der Hand. Das linke Bein scheint steif zu sein.«

Andreas gab den Engeln ein Zeichen, sich wieder bei ihm zu versammeln. »Jetzt wüsste ich gern, ob es eurer Meinung nach noch Hoffnung gibt für Waldemar. Wir kommen gleich zur Abstimmung. Ja heißt, es gibt noch Hoffnung.«

Ignaz blickte zu den anderen und überlegte fieberhaft, wie die Abstimmung ausgehen könnte. Er dachte zurück an den Fluss. Wahrscheinlich wieder fifty-fifty, nahm er an.

Als Andreas wieder die Stimme erhob, um das Ergebnis bekannt zu geben, herrschte gespanntes Schweigen. »Stellt euch vor«, sagte er mit einem seltsamen Lächeln um die Mundwinkel, »ihr habt alle mit Ja gestimmt, ohne Ausnahme.«

Sie sahen ihn fragend an. Dieses Ergebnis hatte niemand erwartet. Andreas schmunzelte. »Ihr habt gerade eine wichtige Lektion gelernt. Engel, die einen Menschen begleiten, geben niemals auf.« Er sah sich um. »Wisst ihr, weshalb?« Niemand antwortete. Da fuhr Andreas fort: »Engel können nur lieben, egal was geschieht!«

26.
Der Engel im Krankenhaus

Gestern schien noch alles wie immer zu sein. Tom rollerte auf dem Fußweg vor der Kastanienstraße und schickte sich an, seine Spielgefährten zu überholen. Mutig versuchte er, mit seinem Roller zwischen zwei parkenden Wagen durchzuflutschen, um die Strecke zum Spielplatz abzukürzen. Da kam von links ein Auto herangefahren und das Drama nahm seinen Lauf.

Jetzt lag er mit einem komplizierten Beinbruch im Krankenhaus. Wie gut, dass seine Mutter ihn gestern im Unfallwagen begleitet hatte! Bis zum Abend war sie geblieben, um ihn zu trösten und aufzuheitern.

»Na, Tommie, wie geht es dir heute?«, fragte sie besorgt, als sie ins Zimmer kam.

Er lächelte ihr tapfer zu, dann blickte er sie streng an. »Mama, das ist mir peinlich. Ich heiße Tom. Ich bin doch schon sieben.«

Sie schien den Vorwurf zu überhören, umarmte ihn und setzte sich auf den einzigen Stuhl neben dem Bett. »Ich habe dir etwas mitgebracht.« Sie hielt etwas in der Hand, das von weichem Papier umhüllt war. »Vorsicht, empfindlich!«

Aufgeregt sah er zu, wie sie extra langsam das Geschenk auspackte. Schließlich kam eine kleine, bunt bemalte Figur aus Ton zum Vorschein. Auf seinen fragenden Blick antwortete sie: »Das ist ein Engel. Damit du nicht allein bist, wenn ich nachher wieder gehen muss.«

Er nahm die Figur vorsichtig in die Hand. Der Engel hatte ein rotes Gewand und goldene Flügel. Am meisten beeindruckte Tom das breite Lächeln des Engels, fast ein Lausbubengrinsen. Die Mutter fragte schmunzelnd: »Bist du für einen Engel vielleicht auch schon zu alt?«

Er drückte ihn vorsichtig an sich. »Für Engel ist man doch niemals zu alt!«

Als sein neuer Begleiter auf dem Tischchen neben dem Bett stand und ihm zulächelte, fragte Tom: »Mama, woran erkenne ich, dass ein Engel bei mir ist?«

Sie zeigte auf die Figur. »Da steht er. Du kannst ihn doch vom Bett aus sehen.«

Er schüttelte den Kopf und setzte wieder seinen strengen Blick auf. »Einen richtig lebendigen Engel meine ich.«

Sie überlegte. Auf diese Frage war sie nicht vorbereitet. »Vielleicht fühlst du ihn tief in dir. Oder aber der Engel kommt verkleidet zu dir geflogen.«

Tom bekam große Augen. »Verkleidet, als was?«

»Na, vielleicht als Vogel, der am Fenster vorbeifliegt.« Sie überlegte weiter. »Oder du träumst von ihm. Oder du bist traurig und schwupp, plötzlich hast du gute Laune.«

»Schwupp«, machte er sie nach. »Vielleicht fliegt ja heute Nacht ein Engel an mir vorbei.«

Am nächsten Tag, die Mutter hatte gerade erst das Krankenzimmer betreten, fragte sie ihren Sohn mit einem Augenzwinkern: »Na, hast du einen Engel gesehen?«

Er nickte. »Ja.«

Sie gab ihm einen Begrüßungskuss. »Wie siehts aus, magst du mir vielleicht noch etwas mehr erzählen?«

Sofort sprudelte es aus ihm heraus. »Stell dir vor, mitten in der Nacht stand plötzlich mein kleiner Engel neben mir. Er war groß und lachte. Und dann hat er gesagt: »Alles ist gut, Tom, schlaf weiter.«

Sie schmunzelte, streichelte ihm über die Stirn und flüsterte: »Da hast du aber ein schönes Erlebnis gehabt.«

Er sah sie kurz an, dann erzählte er weiter: »Das war aber noch nicht alles.« Tom hielt sich lachend die Hand vor den Mund. Er liebte es, seine Mutter zappeln zu lassen.

»Na, und wie ging es weiter?«

Wieder sprudelte es aus ihm heraus. »Vorhin kam eine Engelfrau in einem weißen Kleid ins Zimmer, die hatte wunderschöne goldene Haare. Sie hat gesagt, jetzt mache ich mal das Fenster auf, damit frische Luft hereinkommt. Als sie wieder draußen war, kam ein goldener Schmetterling reingeflogen. Er hat Guten Tag gesagt, nicht so richtig, aber ich habe ihn verstanden, weil er ja verkleidet war, und dann ist er wieder losgeflogen.«

Seine Mutter gab ihm noch einen Kuss. Ihre Augen waren feucht. »Du hast aber viel erlebt. Ich bin gespannt auf die nächsten Tage. Dein Zimmer hier gehört bestimmt zur Engelabteilung.«

Am nächsten Tag konnte Tom es kaum erwarten, seiner Mutter die neusten Erlebnisse zu erzählen. »Es war so dunkel und mein Bein tat mir weh und ich dachte an meinen Roller …«, er sah sie verlegen an und kratzte sich am Kopf, »und an dich und Papa und Emma. Da stand auf einmal Sebastian neben mir und hat mich angelacht und gesagt, jetzt hör auf zu jammern. Ist doch alles gut und …«, er wartete, um sich zu überzeugen, dass seine Mutter gut zuhörte, »und du bekommst bestimmt einen neuen Roller.«

Sie schien nicht zu verstehen. »Wer, bitte schön, ist Sebastian?«

Er zeigte auf den kleinen, lachenden Engel. »Wusstest du das gar nicht? Mein Engelfreund heißt Sebastian.«

Ihre Miene hellte sich auf. »Verstanden. Und über den Roller müssen wir mal in Ruhe reden.«

Tom erzählte weiter. »Als Sebastian wieder auf dem Tisch stand, war es gar nicht mehr so dunkel im Zimmer. Dann habe ich auf die Klingel gedrückt und eine Schwester kam und ich habe so getan, als wenn ich schlafe. Und dann bin ich eingeschlafen.«

Ein paar Tage später kam die Mutter freudestrahlend ins Zimmer. »Na, hast du schon die Neuigkeit gehört?«

Tom nickte und tat so, als wäre es das Normalste der Welt. »Heute zum Frühstück kam wieder die

Engelfrau mit den goldenen Haaren zu mir. Sie hat gesagt: So, junger Mann, dann geht es also heute wieder nach Hause. Freust du dich auch? Dann habe ich gesagt: Ich darf Sebastian nicht vergessen, der kommt mit. Und ich habe gefragt, besuchst du mich auch, wenn ich nicht mehr im Krankenhaus bin? Macht nichts, wenn du unsichtbar bist. Dann hat sie laut gelacht und ich habe mich verschluckt. Sie hat gesagt, sie überlegt es sich. Mama, und jetzt sollten wir noch über den Roller reden!«

27.

Das Engelschlösschen

Ab und zu verirrte sich Hubertus in die Wohnung seiner alten Mutter, die direkt über ihm in der Familienvilla wohnte. Sie hatte sich dorthin von der Außenwelt zurückgezogen und sah an den meisten Tagen nur die Pflegerin.

Hubertus zog es schon seit Jahren nicht mehr zu ihr, da er genug damit zu tun hatte, seinen Gedanken nachzuhängen. Heute saß sie nachdenklich am Fenster und blickte hinunter auf das Gartenhaus, das früher einmal ein wahres Prachtstück gewesen war. »Was hast du mit dem Engelschlösschen vor?«, fragte sie unvermittelt. »Willst du es ganz verkommen lassen?«

Hubertus hasste es, wenn sie ihm Vorwürfe machte. »Du weißt doch, ich habe genug andere Dinge zu tun!«

Sie verdrehte die Augen. Dann blickte er selbst aus dem Fenster. »Sag mal, Mutter, warum wird die alte Hütte eigentlich Engelschlösschen genannt?«

Sie drehte sich in seine Richtung. »Mein Großvater, dein Urgroßvater, hat erzählt, dass darin früher in manchen Nächten Licht leuchtete, obwohl wir damals noch keinen Strom im Garten hatten. Er meinte, das habe etwas zu bedeuten. Die Großmutter soll sogar wunderschönen Gesang aus dem Gartenhaus gehört haben. Irgendwann wurde es dann von allen Engelschlösschen genannt.«

Als Hubertus sich von der Mutter verabschiedete, sagte er noch wie nebenbei: »Ich werde mich darin übrigens in Zukunft mit meinen Freunden treffen. So kommt wieder Leben ins Schloss.« Sie antwortete nichts und verdrehte wieder die Augen.

Tage später trafen sie sich zum ersten Mal im Gartenhaus – die Freunde von Hubertus. Es war eine bunte Mischung von jüngeren und älteren Menschen, denen das Leben zu schnell war oder zu bürgerlich oder zu ungerecht. Von da an trafen sie sich fast täglich.

Einige von ihnen waren fast jedes Mal dabei, zum Beispiel Gwendolin, die ständig neue Pläne für ihr Leben hatte. Ursprünglich wollte sie Malerin werden, dann lieber auf die große Bühne, sie wollte töpfern, auf einem Biohof im Ausland arbeiten und kürzlich ein Buch schreiben. Hatte leider alles nicht geklappt.

Die Nächste in der Runde war Melodie, die immer auf der alten Holzbank saß, weil sie nicht auf die kunstvollen Stühle passte. Dazu kam Nadja, ihre Tochter, die sich gern hinter Melodie versteckte.

Manta brachte immer genügend Bier mit, bot allen davon an und erzählte jedem, dass sein »Lappen« weg sei.

Enzo, der Briefträger, kam meistens zweimal – auf dem Hinweg seiner Tour und auf dem Rückweg. Da blieb er dann länger.

Ach ja, da war natürlich noch Edith. Sie kam mit ihrem Leben im Gegensatz zu den anderen perfekt zurecht. Meinte sie! Edith kochte Tee und Kaffee und backte fast jeden Tag einen Kuchen für die bunte Runde. »Ich bin gern der Engel im Engelschlösschen«, sagte sie manchmal und grinste dabei.

Auch wenn draußen die Farbe abblätterte und der Garten zuwucherte – im Innern des Gartenhauses entstand eine wunderbare Gemeinschaft. Alle versuchten, sich an die goldene Regel zu halten, die anderen in ihren Besonderheiten zu akzeptieren.

Sie sollten frei von ihren Träumen erzählen und über alles diskutieren können, was sie bewegte.

Vor allem jedoch klagten sie sich gegenseitig ihr Leid. Sie berichteten von den »guten Menschen« außerhalb des sicheren Gartens, die ihnen immer wieder zeigten, dass etwas mit ihnen nicht stimmte. Gwendolin erzählte, wie schwer es sei, die anderen von ihrem Talent zu überzeugen. Melodie brach oft in Tränen aus, wenn sie von den vielen kleinen Sticheleien und von ausgewachsenen Beleidigungen sprach, die sie erdulden musste. Nadja nickte dann und schluchzte mit. Enzo hatte viele Geschichten von bissigen Hunden und unfreundlichen Zeitgenossen auf Lager und Manta trauerte wieder über seinen eingezogenen Führerschein.

Schirmherr der bunten Runde war natürlich Hubertus, der entweder lange nachdachte oder in die Klagen der anderen einstimmte. Manchmal überwand er sich, arbeitete nächtelang an einem brennenden Thema und hielt dann einen Vortrag – über Existenzialismus oder »die ideale Gesellschaft der Zukunft«.

Auch Hertha gehörte zum Freundeskreis von Hubertus. Sie durfte die Anfänge im Gartenhaus noch miterleben und mitgenießen, bis sie sich leider von der Gruppe verabschieden musste. Ihre Eltern, die in einer anderen Stadt lebten, waren hinfällig geworden und brauchten ihre Hilfe.

Ein Jahr später konnte Hertha für ein paar Tage in ihre Heimatstadt zurückkommen. Sie freute sich sehr auf ein Wiedersehen. Als sie den Garten betrat, staunte sie nicht schlecht. Hubertus pinselte hingebungsvoll an einem Fensterrahmen des Gartenhauses, das in einem neuen Glanz erstrahlte. »Schön, dass du uns besuchst!«, rief der Hausherr und umarmte sie. »Komm doch herein, die anderen sind schon da.«

Als Hertha eintrat, staunte sie noch mehr. Die Gesichter in der Runde waren kaum wiederzuerkennen. Sie strahlten und schienen alle bester Laune zu sein. Melodie saß zwar immer noch auf ihrer Bank, »aber nur aus alter Gewohnheit!«, wie sie rief.

»Was ist denn passiert?«, fragte Hertha und strahlte jetzt selbst.

Edith kam mit der Kaffeekanne. »Stell dir vor, ich muss nicht mehr perfekt sein. Endlich bin ich eine von ihnen. Irgendwie ist hier ein Wunder geschehen!«

Hertha wollte unbedingt wissen, wie und wann das Wunder geschehen war. Sofort riefen alle durcheinander. »Das war nach dem Einbruch, als all unsere Getränke gestohlen wurden!«, rief Manta. »Das schwere Gewitter war der Auslöser!«, kam von hinten. »Nein, der Vortrag von Hubertus über die Kraft zur Veränderung!«

Hubertus stand auf und hob die Hand. »Erinnert ihr euch? Wir hatten gerade mal wieder so richtig gejammert, als die Kleine von nebenan zur Tür hereinkam. Sie hielt einen Strauß Blumen im Arm und rief mit heller Kinderstimme: Hier, die sind für euch! Dann sah sie sich fasziniert um, strahlte und rief noch lauter: Oh, wie ist das schön hier! Als sie wieder gegangen war, sahen wir uns an, als hätte uns gerade ein Engel besucht, der uns wachrütteln wollte.«

Hertha wischte sich die Augen. »Was für eine schöne Geschichte!« Dann stand sie noch einmal auf und umarmte sie alle, Gwendolin und Melodie, Nadja, Enzo, Manta und Edith. Bei einer lächelnden alten Dame blieb sie stehen. »Oh, ein neues Gesicht in unserer Runde!«

Hubertus stellte sich dazu. »Darf ich vorstellen, das ist meine Mutter.«

28.
Die Sache mit dem Engel

Sie stutzte. »Hallo, Karina, bist du es wirklich? Ich hätte dich ja kaum erkannt.«

Melanie stand immer noch fassungslos neben dem Brunnen in der Fußgängerzone und betrachtete die Freundin. »Bist du verliebt oder was ist mit dir los? Du strahlst so eine Freude und Ruhe aus, was für eine geniale Mischung!«

Karina ging einen Schritt auf sie zu. »Man merkt, dass wir uns viel zu lange nicht getroffen haben. Bei mir ist eine Menge passiert. Hast du Lust auf einen Kaffee?«

Kurze Zeit später saßen sie auf der Terrasse vom Café Kaiser. »Ich erinnere mich, dass du immer seltener Zeit hattest. Du hast mir mal gesagt, es wird dir alles zu viel.« Melanie rührte aufgeregt in ihrem Cappuccino. »Wenn man dich jetzt so sieht, kann man sich das kaum vorstellen. Erzähl!«

Karina saß entspannt auf ihrem Platz und trank noch in Ruhe einen Schluck von ihrem grünen Tee. »Du hast recht, es wurde mir alles zu viel. Irgendwann hörte ich eine Stimme in mir, die sagte: Karina, so geht es nicht weiter mit dir!«

Melanie schüttelte hilflos den Kopf. »Wie bitte, du hörst irgendwelche Stimmen?«

Die Freundin saß immer noch entspannt da und sagte, als wäre es die selbstverständlichste Sache der Welt: »Heute weiß ich, es muss mein Engel gewesen sein.«

Melanie riss die Augen weit auf. »Jetzt wirds schräg. Los, erzähl weiter!«

»Ich entschied mich, morgens eine feste Zeit einzuplanen, für …«, sie grinste, als würde sie ein Geheimnis verraten, »für nichts.«

Melanie überlegte kurz, dann fügte sie schnell hinzu: »Für nichts – und für deinen Engel, oder?«

»Ja, damit mein Engel die Möglichkeit hat, mir etwas zu sagen.«

Melanie rührte im Rest ihres Cappuccinos. »Ja und? Hat dein Engel zu dir gesprochen?«

Karina überhörte den leicht ironischen Unterton. »Zuerst nicht. Zuerst habe ich nichts gehört und ich habe gemerkt, wie gut mir die Stille tat. Das kannte ich ja damals gar nicht mehr.«

Melanie rührte weiter im Bodensatz. »Und?«

»Irgendwann begann er zu sprechen. Er sagte, dass es im Leben mehr gibt als Arbeit und Pflichten und Karriere. Er sagte: Spürst du den Windhauch? Riechst du den Duft der Rosen? Fühlst du die Sehnsucht nach Leben?«

Melanie schob die Tasse zur Seite. »Er sprach? Oder waren es Gedankenblitze oder Eingebungen?«

»Es waren stille Worte. Wie Gedanken. Aber nicht so hektisch und druckvoll wie sonst immer. Liebevoll und verlockend. Wie Botschaften aus einer anderen Welt.«

Melanie schob ihre Tasse auf dem Tisch hin und her. »Was hat er dir denn sonst gesagt? Und spricht er immer noch?«

»Ja, manchmal höre ich ihn. Ich glaube sogar, er spricht regelmäßig zu mir. Ich höre bloß nicht immer zu. Aber ich weiß, ich bin auf einem guten Weg.«

Melanie nahm den Löffel in die Hand und legte ihn gleich wieder zurück. »Auf der einen Seite, Entschuldigung, kommt es mir vor, als wärst du ein wenig neben der Spur. Auf der anderen Seite sitzt du so ruhig und zufrieden da und machst den Eindruck, dass es dir so gut geht wie lange nicht.«

Karina lachte. »Kann man so oder so sehen. Auf jeden Fall erlebe ich ganz viel Positives. Als würde ich jeden Tag beschenkt werden. Obwohl«, sie lächelte, »beschenkt wurde ich früher bestimmt auch. Ich wollte es bloß nicht annehmen.«

Als die beiden später noch kurz die Fußgängerzone entlangschlenderten, blieb Melanie plötzlich stehen. »Vielleicht hat dein Engel ja auch dafür gesorgt, dass wir uns heute am Brunnen getroffen haben?«

Karina lächelte vielsagend. »Wer weiß?«

Beim Abschied war Melanie immer noch so aufgeregt wie am Anfang. »Hast du Lust, mich in der nächsten Woche zu besuchen? Ich muss unbedingt noch mehr über die Sache mit dem Engel erfahren.«

29.
Engelbotschaften

Der Tag der Abfahrt war gekommen. Laura war etwas mulmig zumute. Auf der einen Seite freute sie sich riesig, mit ihrer Tochter Sophia die lang geplante Segeltour zu unternehmen. Sophia ging seit zwei Jahren aufs Gymnasium und war seit Kindertagen begeisterte Seglerin. Mit mehreren Freunden hatten sie ein Boot gechartert und fieberten den Tagen an Bord entgegen. Auf der anderen Seite mussten sie ohne Lukas fahren. In der Firma war gerade Land unter, da war keine Zeit für Segeltouren.

Laura drückte ihren Mann lange, dann gab sie ihm ein eingewickeltes Geschenk. »Aber erst öffnen, wenn wir abgefahren sind!«

Der Wagen war gerade um die Ecke gebogen, als Lukas das Papier aufriss. Zuerst tauchte ein blauer, lächelnder Glasengel mit gelben Flügeln aus der

Verpackung auf. Skeptisch hielt er ihn in der Hand. »Sonderbar«, dachte er, »ich bin nun wahrlich kein Fan von kleinen, bunten Figuren, die in irgendwelchen Regalen oder Vitrinen verstauben.«

Dann folgte ein dicker Briefumschlag mit ein paar Zeilen von seiner Frau, die ihm jetzt schon fehlte:

»Dieser Engel soll dich durch die Tage tragen, in denen du allein zurückgeblieben bist. Er soll dich aufmuntern, wenn du abends ins Bett gehst, und motivieren, wenn dein Tag beginnt.

In diesem Umschlag findest du noch neun kleine Briefe – darin ist für jeden Tag eine Engelbotschaft enthalten. Das Datum steht jeweils auf dem Umschlag.

In Liebe

Laura und Sophia«

Als Lukas nach einem anstrengenden Tag ins Bett ging, hätte er gern noch jemanden gesprochen oder in den Arm genommen. Er überlegte, schmunzelte über seine Idee und holte den lächelnden Engel aus dem Wohnzimmer. Neben ihm auf dem Nachttisch tat das Lächeln besonders gut.

Am nächsten Morgen führte ihn sein erster Weg zu den Engelbotschaften. Er nahm die Nummer eins und las die kurze Botschaft: Du bist nicht allein.

»Das passt ja gut in meine Situation«, stellte er fest. Kurz schloss er die Augen und sah sofort seine beiden Lieblingsfrauen. Dann dachte er an die Menschen, denen er heute begegnen würde, an den Engel und sonstige himmlische Wesen. Dabei schmunzelte er – und freute sich auf die Stunden, die vor ihm lagen.

Am Abend kam er besonders spät nach Hause. Er war froh, einige entscheidende Dinge geregelt zu haben. Dabei hatte er sogar seine gute Laune behalten. Bevor er das Licht löschte, sah er zum Engel und erwiderte das Lächeln. »Danke!«

Wieder begann ein neuer Tag mit einer neuen Botschaft: »Du bist wunderbar!«

Lukas strahlte. Etwas Stärkung und Aufmunterung konnte er gut gebrauchen. Und tatsächlich war es, als würde ihn dieser Satz durch den Tag tragen. Dann, am Abend hatte er den Eindruck, es würde eine neue Gewohnheit werden, vom Bett aus dem Engel zuzulächeln und zu flüstern: »Danke!«

Die Engelbotschaft am nächsten Morgen schien nicht zu den ersten beiden zu passen: Musik ist Leben. Lass es prickeln!

Erst im Laufe des Tages dämmerte es ihm. »Heute ist meine Playlist mit dem Titel Tanzmusik fällig.« Als er zu Hause ankam, wollte er gleich zu den wilden Rhythmen durch die Wohnung tanzen, als er die Botschaft noch einmal las: Musik ist Leben. Lass es prickeln!

Ihm kam eine Idee – und tatsächlich, im Kühlschrank befand sich eine Piccoloflasche. Er öffnete sie und genoss den ersten Schluck des prickelnden Getränkes. Dann stellte er die Musik auf »laut«.

Auch in den nächsten Tagen wurde er von neuen Botschaften überrascht. Eine lautete:

Ein Engel für Frau Müller.

Er dachte an die Nachbarin, die sich kürzlich das Bein gebrochen hatte. Dann fiel ihm ein, dass donnerstags der Müll abgeholt wird. Müll für Müller, das war doch seine Eselsbrücke! So konnte Lukas selbst zum Engel werden. »Ich wusste gar nicht, dass Engel auch noch den Müll hinuntertragen«, dachte er belustigt.

Dann kam der letzte Abend, bevor Laura und Sophia zurückerwartet wurden. Lukas spürte bereits Vorfreude und ein leichtes Prickeln.

Der Engel stand immer noch auf seinem Nachttisch und lächelte ihn an. Dass er ihn jeden Morgen
in die Küche getragen hatte, um ihn auch beim
Frühstücken in seiner Nähe zu haben, würde er ihr
nicht sagen, versteht sich!

Jetzt lächelte er zurück, löschte das Licht und
murmelte: »Danke! Danke für alles!«

30.
Die Engelkarte

Als Kira nach einem langen Arbeitstag völlig übermüdet nach Hause kam, fand sie einen hellblauen,
handgeschriebenen Briefumschlag in der Post. Sie
öffnete ihn schnell, schon auf dem Weg ins Bade-
zimmer, und fand darin eine Karte mit der Überschrift »Dein Engel«. Das Flügelwesen, das dort
abgebildet war, blickte sie vertrauenerweckend an.
Auf der Rückseite stand ein Text, den sie sich für
den nächsten Morgen aufbewahrte. »Dafür will
ich ausgeschlafen sein!«

Mitten in der Nacht wurde sie aus dem Schlaf
gerissen. Es klingelte. Kira öffnete verschlafen die
Wohnungstür – es war niemand zu sehen. Dann
schlurfte sie zum Fenster, um auf die Straße zu
schauen. Fast traf sie der Schlag. Dort, wo gestern
noch das Amtsgericht stand, strahlte ihr jetzt ein
hell erleuchtetes Hochhaus entgegen mit dem
Schriftzug »Dein Engel« in grellem Neonlicht.

Kira zog sich an, so schnell sie konnte, steckte die Wohnungsschlüssel ein und hastete hinunter. Draußen war kein Mensch zu sehen. »Das trifft sich gut«, dachte Kira, »ich hatte schon befürchtet, in einer langen Schlange warten zu müssen.«

Die Eingangstür zu dem Hochhaus öffnete sich automatisch, dabei waren fröhliche Engelklänge zu hören. Dann war ein großes Hinweisschild zu sehen: »Hier geht es zu deinem Engel.«

Kira folgte dem Pfeil, immer den Gang entlang. Dann kam sie zu einem gewaltigen Tresen, hinter dem eine blonde Frau in einem XXL-Kleid aus royalblauem Chiffon stand. »Ich möchte gern zu meinem Engel.«

Die Frau sah sie streng an. »Ich hoffe, Sie haben einen Termin.«

Kira schüttelte den Kopf. »Tut mir leid, aber vielleicht geht es ja auch ohne?«

Die Frau lachte glockenhell und viel zu laut, dann beugte sie sich über den Tresen. »Keine Chance! Da könnte ja jeder kommen. Aber vielleicht versuchen Sie es mal im ersten Stock.«

Kira nahm den Fahrstuhl, in dem dieselbe Musik ertönte wie eben im Eingangsbereich. Wieder öffnete sich ein langer Gang. An einer Tür stand in blauen Buchstaben »Dr. Wolke, Privatengel«. Sie klopfte und trat ein. Ein älterer Herr mit langen, weißen Haaren stempelte einen riesigen Stapel Formulare. »Was kann ich für Sie tun?«

Er machte nicht den Eindruck, als wäre er daran interessiert. Dann fragte er nach: »Privat?«

Sie sah ihn unsicher an. »Sie meinen beruflich? Äh, nein ich bin völlig privat hier. Ich habe schon Feierabend.«

Er blickte belustigt von seinen Formularen auf. »Worum geht es denn? Welchen Engel wollen Sie sprechen?«

Als sie nicht gleich antwortete, fuhr er fort: »Den Engel der Freude, den Engel der Geborgenheit, den Engel der Stille …« Ungeduldig fuhr er mit dem Stempel durch die Luft. »Hier, ich gebe Ihnen mal ein Formular, da tragen Sie Ihren Wunschengel ein und gehen damit den Gang hinunter.«

Dann zeigte er auf das große Schild »Privat« und fuhr fort: »Vorher bitte zur Kasse, im zweiten Stock.«

Als sie draußen war, entschied sie sich, den Gang hinunterzugehen. In das Formular trug sie »Engel der Liebe« ein. Bald tauchte wieder ein gewaltiger Tresen auf. Mehrere junge Frauen in blauen Engelkostümen standen bereit. »Das Formular, bitte!«

Kira reichte ihr Formular über den Tresen. Eine der Royalblauen kicherte kurz. »Engel der Liebe, dafür sind wir hier nicht zuständig. Aber ein kleiner Tipp – viele warten schon seit Jahren auf einen Termin.« Sie blickte noch einmal auf das Formular. Entsetzt wandte sie sich zu ihren Kolleginnen: »Sie war nicht an der Kasse! Sie war nicht an der Kasse!« Im selben Moment ertönte Alarm. Durch das ganze Haus schrillte ein Ton, der so gar nichts mit Engelmusik zu tun hatte.

Schweißgebadet wachte Kira auf. Ihr Wecker klingelte. Verdutzt rieb sie sich die Augen. Dann sah sie die Engelkarte von gestern Abend mit der Überschrift »Dein Engel«. Sie lächelte erleichtert.

Beim Frühstück, nach dem ersten Schluck Kaffee drehte sie die Karte um. Den Text auf der Rückseite las sie langsam, Satz für Satz:

Dein Engel ist immer an deiner Seite.

Dein Engel trägt dir nichts nach.

Dein Engel hat unendlich viel Geduld.

Dein Engel will dir alles geben, was du brauchst.

Was dein Engel für dich tut, das tut er aus Liebe.

Sie weinte und lachte im selben Augenblick. Zärtlich nahm sie die Karte in die Hand. »Die bekommt einen Ehrenplatz.«

31.

Das himmlische Netzwerk

Alle Engel, die sich auf die Reise zur wunderschönen Blauen Kugel vorbereiteten, mussten etliche
Kurse in der himmlischen Engelakademie besuchen. Constantin unterrichtete dort schon seit langer Zeit und konnte seine vielfältigen Erfahrungen
und Erlebnisse mit den Menschen einbringen.

»Heute geht es um die Zusammenarbeit zwischen den Engeln, die auf der Erde im Einsatz
sind. Ihr werdet immer wieder Teil des wunderbaren himmlischen Netzwerkes sein und Menschen
zusammenführen, damit sie aufblühen können.«
Stolz malte er mit dem Goldstift einige Zeichen
und Zahlen an die große Tafel. Als er sich umdreh-
te, blickte er in lauter fragende Gesichter.

Ein Engel meldete sich. »Kannst du uns ein Beispiel geben, wie so eine Zusammenführung aussehen könnte?«

Constantin überlegte. »Ja, also, zum Beispiel«, er

wusste selbst noch nicht, worauf er hinauswollte, »zum Beispiel, um einsame Menschen zu verbinden, damit sie nicht mehr ...«, er schüttelte den Kopf. »Jede Zusammenführung ist anders. Und natürlich entscheiden die Menschen selbst, ob sie sich ...«, er stammelte, »ob sie ...«

Es wurde unruhig unter den Engeln. Plötzlich begann Constantin zu lächeln. »Also gut, ich werde euch eine Geschichte erzählen. Sie liegt schon einige Zeit zurück.«

Die Engel blickten jetzt gespannt zu ihm. »Zuerst stelle ich euch Enja vor. Sie war eine junge, unglückliche Frau, die nur halb leere Gläser kannte und keine halb vollen. Sie sah in allem das Schwere und nie das Schöne. Am liebsten blieb sie allein in ihrer kleinen Wohnung, obwohl sie sich darin nicht wohlfühlte. So musste sie wenigstens nicht miterleben, wie sich die Welt draußen in ihren Augen immer mehr zum Nachteil veränderte.«

Die Stimmung unter den Engeln hatte sich verändert. »Die Arme!«, riefen einige von ihnen. »Wir müssen ihr unbedingt helfen!«, riefen andere.

Constantin hüstelte, dann setzte er seinen Vortrag fort. »Außerdem möchte ich von Rosemarie erzählen. Sie war schon alt und stotterte ein wenig.

Deshalb traute sie sich meistens nicht, mit anderen Menschen zu sprechen. Sie unternahm lange Spaziergänge in die Natur. Dort kannte sie inzwischen jeden Baum und fast jede Blume. Zwischen den Pflanzen und Tieren fühlte sie sich wohl. Und wenn sie mit den Blumen sprach oder den Vögeln etwas zurief, vergaß sie sogar ihr Stottern.«

Die Engel sahen ihn fragend an. »Was haben denn diese beiden Menschen miteinander zu tun?«

Es war, als hätte Constantin auf diese Frage gewartet. Er lächelte. »Das ist eine gute Frage. Hier begann das himmlische Netzwerk Fäden zu knüpfen.« Er sah sich um und wartete einen Moment, bis die Spannung noch größer wurde. »Jetzt waren die Engel an der Reihe.«

In diesem Moment kam Stimmung auf. Alle waren gespannt darauf, wie es weiterging und welche Aufgaben die Engel dabei hatten.

»Der Engel von Enja bekam den Auftrag, sie in den kleinen Park am Ende der Rathausstraße zu locken. Das war gar nicht so einfach. Aber als der Handwerker kam, um den plötzlich verstopften Abfluss zu reparieren, sagte sie: Ich geh so lange hinaus. Dann landete sie im Park und setzte sich auf eine Bank. Da saß sie und zählte traurig die Disteln im Beet nebenan.«

Die Spannung unter den Engeln stieg. »Rosemarie kam von einem langen Spaziergang zurück. Es war nicht mehr weit nach Hause, aber ganz plötzlich schmerzten die Füße. Sie entschied sich für eine Pause. Doch ihre Lieblingsbank war besetzt. Dort saß eine junge Frau, die unglücklich aussah. Rosemarie wusste auch nicht, warum sie dort stehen blieb.«

»Das waren die Engel!«, jubelten einige.

»Rosemarie fragte: Da… darf ich mich zu Ihnen setzen? Enja blickte erstaunt auf, wollte den Kopf schütteln und sagte: Ja! Sie saßen einige Zeit nebeneinander, dann fragte Rosemarie: Ist der Park nicht wunderschön? Wieder sah Enja sie erstaunt an: Ich sehe nur lauter Disteln.«

Die Engel kamen näher, um jedes Wort von Constantin genau zu verstehen. Er freute sich über ihre Begeisterung. »Rosemarie traute sich trotz des Stotterns Enja die vielen Blumen zu erklären, die um sie herum blühten. Die beiden so unterschiedlichen Frauen saßen bestimmt eine Stunde zusammen auf der Bank und unterhielten sich angeregt. Die Miene von Enja hatte sich längst aufgehellt.

Als sie sich schließlich verabschiedeten, fragte

Rosemarie: Sehen wir uns morgen wieder? Enja nickte und wunderte sich, dass Rosemarie den Satz so glatt herausgebracht hatte. Dann sagte sie: Siehst du die beiden Schmetterlinge in der Luft tanzen? Rosemarie lächelte: Es sieht aus wie ein Freudentanz!«

32.

Treffpunkt Hauptbahnhof

Es war Bastians erster Einsatz auf der wunderschönen Blauen Kugel irgendwo im weiten Universum. Zum Glück hatte er Anselm an seiner Seite, der schon lange die unterschiedlichsten Menschen auf der Erde begleitete. Jeden Tag zur Mittagszeit trafen sich die beiden Engel am Zeitungskiosk auf dem Bahnhofsvorplatz, um sich auszutauschen.

Heute warf Bastian erst einmal einen Blick auf die Schlagzeilen der Tageszeitungen. Nach einer Minute schüttelte er verständnislos den Kopf. »So wunderschön, wie in den himmlischen Gefilden immer gesagt wird, ist das Leben auf der Blauen Kugel wohl doch nicht. Die Erde bebt, das Wetter spielt verrückt und die Meere werden immer schmutziger.«

Anselm schien nicht überrascht zu sein. »Irgendwie hast du schon recht. Es ist nicht alles perfekt auf der Blauen Kugel. Das kannst du sogar hier am Bahnhof sehen.«

Bastian schaute sich auf dem Bahnhofsvorplatz um. »Einige Menschen lachen wunderschön und andere sehen so traurig aus. Ein alter Mann sitzt da und bettelt um etwas Geld. Eine junge Frau steht mit einer Staffelei vor dem Zeitungskiosk und malt voller Andacht ein Bild. Ist das Leben nun schwer oder leicht?«

Anselm schmunzelte. Er hatte diese Frage so oder ähnlich schon von vielen Engeln gehört. »Ich verrate dir ein Geheimnis. Das Leben ist zerbrechlich und …«, er machte eine kurze Pause, »und wunderschön.«

Bastian sah ihn mit großen, fragenden Augen an. »Das verstehe ich nicht. Wie kann etwas zerbrechlich und wunderschön sein?«

Anselm spürte, dass es Zeit für Bastian war, eine wichtige Lektion zu lernen. »Komm, wir unternehmen eine kleine Reise zurück in die Vergangenheit. Vor 200 Jahren gab es hier noch Felder und keinen Bahnhof.« Augenblicke später landeten sie in einer anderen Zeit.

Bastian war völlig verwirrt. Anselm legte eine Hand auf seine Schulter. »Auf diesem Feld wächst

Getreide. Damals gibt es noch keine Maschinen. Die Menschen müssen hart arbeiten, sogar schon die Kinder.«

Bastian blieb wie angewurzelt stehen. »Das war aber ein sehr trauriges Leben damals!«

Anselm zeigte auf eine Gruppe Menschen, die am Rand des Feldes Pause machten. Sie tanzten ausgelassen und sangen dazu ein fröhliches Lied. »Siehst du, auch damals wollten sie glücklich sein. Und am glücklichsten sind Menschen dann, wenn ihr Leben leuchtet. Dafür sind sie hier auf der Blauen Kugel.«

Im nächsten Moment waren sie wieder auf dem Bahnhofsvorplatz. Bastian sah zu Anselm. »Was können wir denn für die Menschen tun? Wie schaffen wir es, dass sie tanzen und singen und …«, er überlegte, »wie hast du es genannt? Dass sie leuchten?«

Anselm strahlte und schien sehr zufrieden zu sein. »Das ist die richtige Frage, die du gerade gestellt hast. Finde heraus, wie Menschen leuchten können. Oder wie es in Engelkreisen heißt: Hilf ihnen dabei aufzublühen.«

Bastian dachte nach, dann begann er zu lächeln. »Das ist eine schöne Aufgabe. Ich will den Menschen dabei helfen aufzublühen.« Er kratzte sich am Kopf. »Erzählst du mir, wie das gelingen kann?«

Anselm deutete mit großer Geste auf die vielen Menschen auf dem Bahnhofsvorplatz. »Einige kommen zum Bahnhof und träumen von der Ferne. Schenk den Menschen wunderbare Träume!«

Bastian nickte. »Träume schenken, das hört sich gut an.«

Anselm zeigte jetzt auf zwei ältere Frauen, die sich angeregt unterhielten. »Schenk ihnen Mut, auf andere zuzugehen und sich zu öffnen!« Dann lenkte er den Blick seines Begleiters auf zwei junge Männer, die begeistert einen Lieferwagen entluden. »Schenk ihnen Freude an ihrer Arbeit und Stolz auf das, was ihnen gelingt.«

Bastian nickte wieder. »Es wäre so schön, wenn alle Menschen aufblühen würden.«

Jetzt deutete Anselm auf eine junge Straßenmusikerin. »Siehst du, wie sie in der Musik lebt und selbst Musik ist? Sie verfolgt ihren großen Traum.«

Bastian tanzte kurz zu der Musik. Dann fiel ihm die Malerin auf, die genau in seine Richtung blickte. »Wenn ich nicht wüsste, dass Engel unsichtbar sind, könnte ich fast glauben …« Er sprach den Satz nicht zu Ende.

Anselm stand direkt hinter der Malerin und bewunderte ihr Bild. Er gab Bastian ein Zeichen, zu ihm zu kommen. Als der dort ankam, brachte er kein Wort mehr heraus. Das Bild zeigte einen bunten Zeitungskiosk und daneben zwei wunderschöne, hell leuchtende Engel.

33.

Die Rose im Gästezimmer

Dr. Stone hatte sich in den vergangenen Jahren immer mehr in seine Wohnung zurückgezogen. Dort war er von unzähligen Büchern über japanische Geschichte umgeben, das reichte ihm aus. Er war anerkannter Spezialist in seinem Fachgebiet und veröffentlichte regelmäßig wissenschaftliche Artikel und Berichte. Die moderne Technik machte es unnötig, auf Kongresse und Tagungen zu fahren. Der Bildschirm war seine Verbindung nach draußen.

In der Wohnung gegenüber wohnte eine Frau, die ursprünglich aus Italien stammte. »Ich bin Gabriella«, hatte sie lächelnd bei ihrer ersten Begegnung im Hausflur gesagt. »Ich bin Dr. Stone«, hatte er kurz geantwortet.

Gabriella versuchte trotz aller Zurückweisungen, ihn ab und zu aus seiner Isolation zu holen – erfolglos. Immerhin, den Kuchen, den sie ihm vorbeibrachte, wenn das Haus wieder einmal vom

Duft ihrer Back- und Kochkünste erfüllt war, nahm er entgegen. Aber mit ihren gefühlvollen Worten wie »Blüht es draußen nicht wunderschön?« oder »Ist der Regenbogen nicht fantastisch?« biss sie bei ihm auf Granit.

Ein Zimmer in der großen Wohnung von Dr. Stone war nicht mit Büchern vollgestellt. Es war das Gästezimmer. Dort warteten ein Bett, ein Schrank, ein Tisch und zwei Stühle auf Besuch, der über Nacht blieb. In all den Jahren war hier ein Mal seine Schwester für eine Woche eingezogen, als sie in der Stadt zu tun hatte – sonst niemand. Dr. Stone war das ganz recht.

Eines Tages rief seine Schwester an und bat ihn um einen Gefallen. »Dina, du weißt doch, meine Tochter, studiert Sprachen und möchte an einem Seminar ganz in deiner Nähe teilnehmen. Ist dein Gästezimmer zu dem Termin frei?«

Am liebsten hätte er schnell Nein gesagt, aber das hätte ihm seine Schwester sowieso nicht geglaubt. Also musste er in den sauren Apfel beißen.

Bevor seine Nichte ankam, öffnete er das Fenster im Gästezimmer. Das hatte er schon lange nicht mehr getan. Außerdem besorgte er ein winziges

Rosentöpfchen mit zwei roten Blüten und stellte es zur Begrüßung auf den Tisch.

Mit Dina kam sofort Leben in seine Wohnung. Sie lachte gern und ständig und hatte ihrem Onkel viel zu erzählen. »Wie hältst du es nur in diesem staubigen Museum aus?«, fragte sie und zwinkerte ihm fröhlich zu. »Du wohnst hier in so einem schönen Stadtteil, hast eine fantastische Wohnung und sogar eine supernette Nachbarin. Eigentlich müsstest du der glücklichste Mensch der Welt sein!« Er verzog keine Miene und sagte lieber nichts.

An ihrem letzten Abend in der Stadt, so hatte sie es mit ihm abgemacht, wollte sie für ihn kochen. Zähneknirschend hatte er zugestimmt. »Darf ich Gabriella dazu einladen?«, fragte sie und sagte dann, ohne eine Antwort abzuwarten: »Schön, dass du einverstanden bist!«

So kam es, dass sie zu dritt einen fröhlichen Abend mit Salat, viel Pasta, Fisch und Wein verbrachten. Sogar Dr. Stone lachte und scherzte, was sonst gar nicht seine Art war.

Am nächsten Morgen verabschiedete sich Dina von ihrem Onkel. »Danke, dass ich hier wohnen durfte und dein Leben etwas durcheinanderbringen konnte. Danke auch für die Rose, die ist inzwischen leider verblüht. Soll ich sie gleich entsorgen? Ach ja, noch etwas, neben die Rose habe ich einen kleinen Glasengel gestellt. Ich liebe Engel. Er wird dir guttun!«

Dr. Stone war erleichtert, als er wieder allein war. Doch schon am ersten Abend vermisste er das Lachen und die Unruhe. Fast schämte er sich für seine Gefühle, die seiner Meinung nach so gar nicht zu einem Wissenschaftler passten.

Bevor er ins Bett ging, schaute er noch einmal ins Gästezimmer. Da stand der gläserne Engel neben der traurigen Rose. Er blieb einen erstaunlich langen Augenblick, lächelte und schüttelte den Kopf über seinen weichen Kern, von dem er eigentlich nichts wissen wollte.

In der Nacht hörte er plötzlich Geräusche. Verschlafen schlurfte er durch die Wohnung und wurde im Gästezimmer fündig. Ein Stuhl stand anders als vorhin und der Engel hatte sich in seine Richtung gedreht. »Ach so«, stellte er erleichtert fest, »das Fenster ist noch halb auf. Es war der Wind.«

Am nächsten Tag zog es ihn wieder in das Gästezimmer. In der Nacht hatte er vom Engel geträumt.

Jetzt traute er seinen Augen nicht: Die Rose blühte! Und der Engel sah aus, als würde er gleich loslachen.

Dr. Stone öffnete das Fenster. Er atmete tief durch. »Etwas frische Luft in der Wohnung kann nicht schaden!«

Noch einmal atmete er tief durch. Dann ging er hinaus in den Hausflur und klingelte gegenüber bei Gabriella. »Es war schön, dass Sie uns mit Ihrem Besuch beehrt haben. War doch ein angenehmer Abend.« Er merkte, dass er es nicht mehr gewohnt war, mit einem normalen Menschen über normale Dinge zu reden. Dann nahm er seinen ganzen Mut zusammen: »Gern würde ich Sie morgen zum Essen in ein italienisches Restaurant einladen, mit Salat, Pasta, Fisch und Wein. Leider war ich hier noch nie auswärts essen und kenne mich bei den Restaurants nicht aus. Vielleicht haben Sie eine Empfehlung?«

Über den Autor

Rainer Haak, geboren in Hamburg, hat Theologie studiert und lebte einige Jahre als Pfarrer in seiner Heimatstadt. Mit dem Jugendbuch »Das Abenteuer, das Leben heißt« startete schon früh seine Karriere als Bestsellerautor. Er hatte sein Thema gefunden, das ihn bis heute begeistert.

Seine Geschichten und Erzählungen spielen mal draußen in der Wildnis, mal in einem angesagten Café oder irgendwo an einem Ort voller Geheimnisse. Es geht in ihnen um Suchen und Entdecken, um Loslassen und Vertrauen und um die Sehnsucht nach Freiheit und Lebendigkeit.

Rainer Haak ist verheiratet und hat zwei erwachsene Kinder. Die Gesamtauflage seiner Bücher beträgt über neun Millionen Exemplare.

www.rainerhaak.de

Bildnachweis:

Alle Illustrationen im Innenteil von stock.adobe.com: S. 2, 3, 4, 26, 32, 58, 76, 92, 106, 120, 134, 144, 166, 176, 182, 188 Aruno / S. 20, 38, 44, 98 Grave passenger / S. 128 kanpisut / Foto: S. 190 Stefan Weigand

Besuchen Sie uns im Internet:
www.bene-verlag.de

Originalausgabe September 2024
© 2024 bene! Verlag
Ein Imprint der Verlagsgruppe
Droemer Knaur GmbH & Co. KG, München

Lektorat: Andrea Langenbacher, Stefan Wiesner
Covergestaltung, Satz und Layout: Maike Michel
Coverabbildung: 3dwithlove/stock.adobe.com
Druck und Bindung: CPI books GmbH, Leck
ISBN 978-3-96340-276-0

5   4   3   2   1